Makaliʻi 1994

E Master of Fine Arts - Visual Arts - Vermont College,
    ʻAnoʻai ame ka hoʻomaikaʻi nui.
He kūpaʻa ka ʻoiaʻiʻo.

        me ke aloha,
        (Kapulani)

Nā Wahi Pana O Koʻolau Poko

tapulani

Nā Wahi Pana
O Koʻolau Poko

LEGENDARY PLACES OF KOʻOLAU POKO

Anne Kapulani Landgraf

Hawaiian Translation by
Fred Kalani Meinecke

A Kolowalu Book
University of Hawaii Press • Honolulu

In Association with
The Center for Hawaiian Studies
University of Hawaii

99 98 97 96 95 94   5 4 3 2 1

Library of Congress Cataloging-in-Publication Data

Landgraf, Anne Kapulani, 1966–

    Nā wahi pana o Koʻolau Poko = Legendary places of

Koʻolau Poko / Anne Kapulani Landgraf ; Hawaiian

translation, Fred Kalani Meinecke.

    p.   cm.

    English and Hawaiian.

    Includes bibliographical references.

    ISBN 0–8248–1578–5

    1. Oahu (Hawaii)—Pictorial works.

    2. Legends—Hawaii—Oahu.

I. Title.   II. Title: Legendary places of Koʻolau Poko.

III. Title: Koʻolau Poko.

DU628.O3L36   1994

996.9′3 — dc20

94–12427

CIP

PREFACE

[Note: Unless otherwise indicated, information for the notes to the photographs has been taken from Sterling and Summers. Sterling and Summers have compiled information from many sources and refer the reader to works by such scholars as Beckwith, Fornander, I'i, Kamakau, Malo, McAllister, and Thrum. I have consulted the sources named in Sterling and Summers to get the full context of their notes.]

The windward district of O'ahu is divided into two moku'āina (districts): Ko'olau Poko and Ko'olau Loa. Within Ko'olau Poko there are eleven ahupua'a (land divisions): Kualoa, Hakipu'u, Waiakāne, Waiāhole, Ka'alaea, Waihe'e, Kahalu'u, He'eia, Kāne'ohe, Kailua, and Waimānalo. Ko'olau Poko had more fresh water than any other area on the island of O'ahu. The land was cultivated and nurtured its people. The eleven ahupua'a surrounded the bays of Ko'olau, which were rich with fish and other marine resources. Thus, Ko'olau Poko was a primary population center, with many lo'i (irrigated terraces) and over thirty fishponds and heiau. These great community projects were built with sensitivity to alignment and placement in order to integrate them with the landscape.

The relationship of kō kula uka and kō kula kai (people of the uplands and people of the seashore, who shared resources with each other) was severed with the Māhele of 1848, when the foreign concept of private property was established. Land became a commodity to be purchased by the rich and sold by those who needed money. A great majority of Hawaiian people became landless, with a few wealthy landowners controlling large parcels of land. Not long after 1850, commercial crops of sugarcane, rice, and pineapple were introduced to Ko'olau Poko. Lands were cleared of native vegetation and many archaeological sites were damaged or destroyed.

Today, subdivisions, golf courses, executive homes, and public projects alter the topography without regard for natural, cultural, or spiritual sites. Urban development is consuming Ko'olau Poko. Man has replaced the gods. People have forgotten the names and meanings of their places.

I began this collection of photographs and texts to rediscover and perpetuate the significance of places in Ko'olau Poko. A Hawaiian place name physically and poetically describes an area while revealing its historical or legendary significance. Place names evoke power in the Hawaiian language by emphasizing pride in our homeland. They are like kūpuna, linking us to the past.

I am deeply grateful to the University of Hawai'i at Mānoa's Center for Hawaiian Studies for supporting this publication as well as the earlier exhibition of the photographs and text. Special thanks to Marvlee Naukana for her assistance. My warm aloha to Haunani-Kay Trask for believing in and giving a Hawaiian photographer a voice in Hawai'i. Special mahalo to Dennis Kawaharada for editing the English text and Kalani Meinecke for the Hawaiian translation. I would especially like to thank Patience Bacon for her assistance. A special mahalo to the University of Hawai'i Committee for the Preservation of Hawaiian Language, Art and Culture and Henry Iwasa for their support in the final editing of the manuscript. I would also like to thank Diane Drigot for arranging a day's access to Mōkapu. Right of entry to photograph geographic and cultural sites on Mōkapu peninsula was granted by the Kāne'ohe Marine Corps Air Station, Kāne'ohe Bay. Mahalo to Jan Becket and Buddy Neller for their commitment and continued search for Hawaiian sacred places. My deep gratitude to Mēlia Lane-Hamasaki, Jennifer Dang, and Richard Hamasaki for their help with the exhibit and their encouragement. My aloha to the Pi'ianāi'a family for their support. Much aloha to my parents for their patience as I pursue my artistic endeavors. My deep appreciation to Mark Hamasaki for his constant help and guidance. He kumu laha 'ole, He koa no Ha'ikū.

'O wau nō me ka ha'aha'a,
KAPULANI

INTRODUCTION

At twenty-seven, Anne Landgraf has already established her reputation as a remarkable photographer, intensely focused on recording a native view of Hawaiʻi and the Hawaiian people. While her interests have deepened, Anne's works have evolved into ever sharper contrasts between the protective relationship of traditional Hawaiian society and the ʻāina, and Western industrial use and destruction of the land. Among Hawaiian photographers today, she stands alone in her artistic vision and amazing productivity.

Surrounded by the majestic Koʻolau mountains while growing up in the highlands of Kāneʻohe, Anne was raised in a Hawaiian family with traditional values of aloha and respect for things Hawaiian. Her first project, *E Nā Hulu Kūpuna Nā Puna Ola Maoli No*, was an oral history of kūpuna teaching in the Windward Oʻahu Hawaiian Studies Program. Only nineteen at the start of the project in the mid-1980s and enrolled at Windward Community College, Anne expanded the assignment to include photographs. Mark Hamasaki, her photography instructor, encouraged her. The result was a gift to Hawaiian youth from their kūpuna, a compilation of the wisdom and beauty of the elders. Tellingly, Anne wrote at the time, "the pictures of the kūpuna capture the essence of their personality and bring visual life to their words."

"Essence" and "visual life" came to characterize more and more of Anne's interests. Inspired by Hawaiʻi's unsurpassed but endangered natural beauty, she began compiling a photo essay of rural Kahakuloa valley on Maui while concluding the kūpuna project.

Ten miles from Waiheʻe along Kahekili Highway, Kahakuloa was once a productive valley of several thousand Hawaiians living as farmers and fishermen. But in the late 1980s, Kahakuloa stream, the lifeblood of the valley was threatened by overdevelopment along the Kāʻanapali coast. Wishing to document the people and their valley, Anne shot nearly a hundred photographs of the Hawaiians, their beloved wai, the "life of the land," and the taro and pōhaku. Her intention was well stated in the introduction to her exhibit: "to communicate the importance of preserving this fragile community."

By 1989, when Anne graduated from the University of Hawaiʻi at Mānoa, her collaboration with her teacher and friend, Mark Hamasaki, had developed into a project to document the construction of the strongly opposed H-3 freeway. Despite two decades of protests and environmental law suits, the freeway had not been stopped. In its path lay some of the most significant and rare archaeological sites on the Koʻolau side of the island, and the most verdant and stunning natural beauty. With an increasing sense of urgency, Anne and Mark spent nearly every Sunday for a year shooting the brutal destruction. One hundred and nine photographs were taken along the major ʻili (land divisions) of Kāneʻohe: Kalāheo, Halekou, Hoʻoleinaʻiwa, Kūʻou, Luluku, Punaluʻu Mauka, Keaʻahala, Pailimukele, and Haʻikū. In their description of the completed essay, "H-3: Before Luluku, After Haʻikū," they wrote: "The images in these photographs cannot be recaptured; the landscape is so altered. Natural features and cultural sites have been buried or destroyed. . . . This photographic essay represents our visual song of our reactions to the rapidly changing environment." The massive, man-made destruction of the land and its sacred places is rendered so starkly in these photographs, they are more a lamentation than a song.

During the H-3 project, Anne completed another, companion essay, "Nā Wahi Pana O Koʻolau Poko," on the sacred places and legendary sites of Koʻolau Poko.

Shown at Hoʻomaluhia Park in Kāneʻohe, beneath the snaking construction of the H-3 freeway, the eighty-six photographs were complemented by well-researched descriptions of the Hawaiian meaning of the sites, including their mythical, historical, and archaeological values. For the first time, Anne had joined her photographs with traditional Hawaiian references taken from native historians, lending the series a cultural context drawn from a period before the arrival of haole in Hawaiʻi.

When I first saw the exhibit, I was determined to have it as the inaugural volume in the Hawaiian Studies publication series. Over the years, I had observed the maturity of Anne's vision. She worked intensely and carefully, and exhibited her photographs without fanfare. Her habitually quiet style is reflected in her professional work: clean lines, clear message, stark perspectives. Black and white photography suits this style. Her eye is trained to a deeper view, one not distracted or romanticized by color.

Here, I thought, was a stunning accomplishment: culture, political awareness, and a highly refined technical skill combined to reveal the Hawaiian view of our sacred places. After years of Hawaiian activism surrounding protection of the beauty and bounty of Hawaiʻi, a young, culturally grounded Hawaiian had emerged with a photographic eye unlike any other. Where else could we find such a focused intensity, such an educated sensitivity, such a sure, steady motivation?

For our new Center for Hawaiian Studies, launching Anne Landgraf's book is a privilege. Her work sets a high standard in photographic essays. An inspiration and a talisman, the work will be the first in a long line of publications, both for the Center and for Anne. We honor her with our support; she honors us and our people with her vision.

HAUNANI-KAY TRASK
Director of the Center for Hawaiian Studies

Kualoa Kalaeokaʻoʻio Kānehoalani Holoapeʻe Mokoliʻi Koholālele Hakipuʻu Mōliʻi
Nānāhoa Puakea Waiakāne Pueo Kukuianiani Waiʻololī Waiʻololā Waiāhole
Kūōlani Kaʻalaea Māhinahina Nā Waʻa Liʻiliʻi Kioloa Kāhea Waiheʻe Kahaluʻu
Kahonua ʻĀhulimanu Palikea Heʻeia Uli Heʻeia Kea Keʻalohi Heʻeia Luamoʻo
ʻIolekaʻa Kaualaukī Leleahina Kaualehu Kahekili Mōkapu Kūʻau Hina Heleloa
Ulupaʻu Pukaulua Mokumanu Waikulu Halekou Nuʻupia Kaluapuhi Paʻakai
Kāneʻohe Keahiakahoe Lanihuli Ka Nuku Kōnāhuanui Puʻuwāniʻaniʻa Kaluaolomana
Hoʻoleinaʻiwa Luluku Kukuiokāne Kāwaʻewaʻe Kanohuluʻiwi Waikalua Kailua
Kapoho Oneawa Kawainui Kaʻelepulu Olomana Pākuʻi Ahiki Pahukini Ulupō
Kaʻiwa Alāla Wailea Kanahau Pōhaku Hiʻiaka Pōhaku Wahine Waimānalo Pūhā
Puʻu O Molokaʻi Pāhonu Kaulanaakaʻiole Pōhaku Paʻakikī Koʻonāpou Kāohikaipu
Mānana Makapuʻu Kealakīpapa Kualoa Kalaeokaʻōʻio Kānehoalani Holoapeʻe
Mokoliʻi Koholālele Hakipuʻu Mōliʻi Nānāhoa Puakea Waiakāne Pueo Kukuianiani
Waiʻololī Waiʻololā Waiāhole Kūōlani Kaʻalaea Māhinahina Nā Waʻa Liʻiliʻi Kioloa
Kāhea Waiheʻe Kahaluʻu Kahonua ʻĀhulimanu Palikea Heʻeia Uli Heʻeia Kea
Keʻalohi Heʻeia Luamoʻo ʻIolekaʻa Kaualaukī Leleahina Kaualehu Kahekili Mōkapu
Kūʻau Hina Heleloa Ulupaʻu Pukaulua Mokumanu Waikulu Halekou Nuʻupia
Kaluapuhi Paʻakai Kāneʻohe Keahiakahoe Lanihuli Ka Nuku Kōnāhuanui
Puʻuwāniʻaniʻa Kaluaolomana Hoʻoleinaʻiwa Luluku Kukuiokāne Kāwaʻewaʻe
Kanohuluʻiwi Waikalua Kailua Kapoho Oneawa Kawainui Kaʻelepulu Olomana
Pākuʻi Ahiki Pahukini Ulupō Kaʻiwa Alāla Wailea Kanahau Pōhaku Hiʻiaka
Pōhaku Wahine Waimānalo Pūhā Puʻu O Molokaʻi Pāhonu Kaulanaakaʻiole Pōhaku
Paʻakikī Koʻonāpou Kāohikaipu Mānana Makapuʻu Kealakīpapa Kualoa Kalaeokaʻōʻio

Kualoa

Ua kapu kēia ʻāina ʻo Kualoa. I ke au kahiko, he puʻuhonua ia ʻāina. A he kapu ʻihiʻihi kō Kualoa. Aia a aliʻi e noho nei ma ʻaneʻi, hoʻēmi ʻia ihola nā peʻa o nā kaulua āpau e māʻalo aʻe ala i kai mai Makawai ā hiki aku i Kaʻaʻawa. Ua lawe ʻia maila nā keiki aliʻi hānau ʻānō ʻia iho i Kualoa nei e aʻo ʻia mai i nā mea pono i nā aliʻi.

He ʻāina kaulana ʻo Kualoa i ka mahi wauke no ka hana kapa ʻana. Ua ʻōlelo ʻia inā ua lilo ʻo Kualoa, ua lilo he hapalua o ka mokupuni ʻo Oʻahu me nā kapa ʻākala āpau o Koʻolau Loa.

No kona ʻano kapu loa, he ʻāina lanakoi nui ʻia ʻo Kualoa e nā aliʻi i ka wā noho aliʻi ʻana o Kahahana i loko o nā makahiki o nā 1770. I ka noho ukiuki o kō Oʻahu mau aliʻi me kō lākou kahuna nui ʻo Kaʻōpulupulu i ka noho aliʻi ʻana a Kūmahana, noi akula lākou iā Kahahana e hoʻi a noho aliʻi mai i Oʻahu nei. Aia ʻo ia ma Maui, ua nui aʻe a noho malu ana me kona makuakāne kōlea, ʻo ia hoʻi ʻo Kahekili, aliʻi nui o Maui. Ua ʻāpono maila ʻo Kahekili iā Kahahana e hoʻi mai i Oʻahu, akā naʻe noi maila ua aliʻi nui la i ka ʻāina ʻo Kualoa me nā palaoa pū e pae maila i ʻaneʻi nei. Kūʻē ʻo Kaʻōpulupulu i ia noi a Kahekili. No ka mea, e ʻole e loaʻa nā niho palaoa, hiki ʻole iā Kahahana ke mōhai aku i nā heana mua loa o ke kaua i nā akua a e lilo wale aku ka ʻāina. Ā i hiki mai ʻo Kahekili i koi mai no Kualoa, hoʻōle aku ʻo Kahahana. Hoʻoūka kaua mai ʻo Kahekili a ua lilo ʻo Oʻahu i nā papa kaua a Kahekili.

ʻO ka piko puʻu ma ka ʻaoʻao ʻākau o kēia kiʻi, ʻo Puʻu ʻŌhulehule nō ia.

Long back

The land of Kualoa was sacred in ancient times. It was a place of refuge, and was also under a special kapu. When a chief was residing there, canoes lowered their sails at Makawai and kept them down until reaching Kaʻaʻawa. Young aliʻi were brought to Kualoa to be trained in the traditions of Hawaiian aliʻi.

Kualoa was a famous growing area for wauke, a tree whose bark was used to make kapa. It was said, "If Kualoa was taken, half the island of Oʻahu and all the pink-dyed kapa of Koʻolau Loa [would] be taken."

Because of its sacredness, Kualoa was coveted by the aliʻi and played an important role in the politics of the reign of Kahahana in the 1770s. When Oʻahu aliʻi and their kahuna Kaʻōpulupulu became dissatisfied with the rule of Kūmahana, they asked Kahahana to rule the island. Kahahana was living on Maui with his uncle and foster father Kahekili, chief of Maui. Kahekili permitted Kahahana to come to Oʻahu, but requested the land of Kualoa and rights to the highly valued teeth of whales that drifted to shore. The high priest Kaʻōpulupulu opposed this transaction. Without the whale teeth, Kahahana could not offer the gods the first victim in battle and would lose the land. When Kahekili came to claim Kualoa, Kahahana refused his claim. A battle broke out and Oʻahu was conquered by the forces of Kahekili.

The mountain peak on the right in this photograph is known as Puʻu ʻŌhulehule.

Kalaeoka'ō'io

'O Kalaeoka'ō'io ke kaupalena ma waena o nā moku 'o Ko'olau Poko me Ko'olau Loa. Ma muli o nā mo'olelo, aia ho'okahi o nā puka o ke ana awaloa 'o Pohukaina ma ke alo pali o Kalaeoka'ō'io ma ka 'ao'ao Ka'a'awa. 'O kekahi puka aia ma lalo ma ka punawai 'o Ka'ahu'ula, akā ua ho'opiha 'ōpala 'ia i ke kūkulu kahua pū ma loko o ke Kaua Honua II. Aia kekahi mau puka o Pohukaina ma Moanalua, Kalihi, Pū'iwa, Waipahu, a me Kahuku.

The cape of the bonefish

Kalaeoka'ō'io is the boundary point dividing the districts of Ko'olau Poko and Ko'olau Loa. According to tradition, one of the entrances to the royal burial cave of Pohukaina was located in the cliffs of Kalaeoka'ō'io facing Ka'a'awa. The Ka'ahu'ula spring below the cave was another entrance, but it was filled with tons of rubble when a gun site was built above it during World War II. Other entrances to Pohukaina are said to be located at Moanalua, Kalihi, Pū'iwa, Waipahu, and Kahuku.

Kānehoalani

Aia ʻo Kānehoalani i luna o ke kualapa o Moʻokapu O Hāloa. Ma muli o hoʻokahi moʻolelo, ua kapa ʻia nā puʻu o Kualoa penei: ua kauoha aku ʻo ke akua Kāne iā Kānehoalani e mōhai ma luna o kahi mauna. Ui aku Kānehoalani i ke akua mahea la ka mauna pono no ka mōhai ʻana. Pane maila ua akua nei, "I hikina aku ʻoe ā hiki i kahi puʻu ʻoiʻoi e ʻau la i ke kai." Na Kānehoalani, na kāna keiki kāne ʻo Kūpulupuluanuʻu, a na kāna kanaka hana ʻo Pili Lua Nuʻu i kaʻahele mau i ka hikina ā hiki aku i Kualoa. No ka piko kiʻekiʻe loa ka inoa Kānehoalani. A ʻo nā puʻu iki aʻe ma lalo o Kānehoalani, ua kapa ʻia no Kūpulupulu a me Pili Lua Nuʻu.

Kāne, royal companion

Kānehoalani is located on the ridge of Moʻokapu O Hāloa. One legend tells of how the hills in Kualoa received their names. The god Kāne commanded Kānehoalani to perform a sacrifice on a mountain. Kānehoalani asked the god where he might find the proper mountain for the sacrifice. The god replied, "Go east until you reach a sharp-peaked hill jutting into the ocean." Kānehoalani, his son Kūpulupuluanuʻu, and his servant Pili Lua Nuʻu journeyed eastward until they reached Kualoa. The tallest peak on the ridge was named Kānehoalani. The smaller hills below Kānehoalani were named after Kūpulupulu and Pili Lua Nuʻu.

Holoapeʻe

No Holoapeʻe, ua hana ʻia e Kamapuaʻa i kona pakele mai iā Pele mai. Ua peʻe ihola ʻo Kamapuaʻa i loko o ka hālua i Kānehoalani (ma ka ʻaoʻao 6), a laila ʻeli i loko o ka lapa ma hope iho o kā Pele kāʻalo pūlale ʻana aku. ʻO kekahi inoa o kēia lapa, ʻo Kohoapeʻe ia.

Run and hide

Holoapeʻe was made by Kamapuaʻa, the pig demigod, as he fled from Pele, the volcano goddess. Kamapuaʻa hid in a hollow in Kānehoalani (see page 6), then dug through the ridge after Pele rushed by. The ridge is also known as Kohoapeʻe.

Mokoliʻi

ʻO Mokoliʻi he moʻo nui ia nāna i pupuʻe i nā kama hele e kāʻalo ai ma ke kula kai hāiki kokoke i Kualoa (ma ka ʻaoʻao 2). I kekahi lā, ʻaʻa akula ʻo Mokoliʻi iā Hiʻiaka, kaikaina punahele o Pele, i kona huakaʻi ma Koʻolau. Hoʻomake Hiʻiaka iā Mokoliʻi a hoʻopuehu liʻiliʻi i kona kino. Kau aku kona huelo i loko o ke kai a ʻike ʻia ʻānō ka moku iki wale, ʻo Mokoliʻi.

I ka moʻolelo o Kaʻulu, ke kupua, he ʻiole ʻo Mokoliʻi ke noho nei i Kualoa. Kīhamu ʻo ia i ka mea e māʻalo aʻe ana nō ma ka lae Kalaeokaʻōʻio (ma ka ʻaoʻao 4) la. I kā Kaʻulu māʻalo ʻana i Kualoa, ua lele ʻo Mokoliʻi ma luna ona a nahu iā ia. Lele aʻe ʻo Kaʻulu i ka lewa a hāʻule ihola ʻo Mokoliʻi a haki ʻia ona iwi āpau. Ua lilo kona kino i ka mokupuni ʻo Mokoliʻi.

Little moʻo

Mokoliʻi was a huge moʻo, or lizard, who attacked travelers passing through the narrow coastal plain near Kualoa (see page 2). One day Mokoliʻi challenged Hiʻiaka, a sister of the volcano goddess Pele, as she traveled up the windward coast of Oʻahu. Hiʻiaka slew Mokoliʻi and scattered his body over the landscape. His tail landed in the sea and became the island known as Mokoliʻi.

In the legend of Kaʻulu, a trickster demigod, Mokoliʻi was a rat who lived at Kualoa. He ate anyone going past the point of Kalaeokaʻōʻio (see page 4). When Kaʻulu passed by Kualoa, Mokoliʻi jumped on him and bit him. Kaʻulu flew up into the sky, and Mokoliʻi fell, breaking every bone in his body. His body became the island of Mokoliʻi.

Koholālele

Aia ma ka ʻāina ʻo ʻĀpua ka loko iʻa i kapa ʻia ʻo Koholālele. He ʻewalu haneli me kanawalukūmālima kapuaʻi ka lōkihi a he kanakolu kapuaʻi ke ākea o ka pā puni ma ka ʻaoʻao hikina ʻākau; a ʻelua haneli me kanahākūmāwalu kapuaʻi ka lōkihi, kanawalukūmālima kapuaʻi ke ākea ma ka ʻaoʻao komohana hema. Ua ʻeli ʻia ka lepo mai loko mai o ka loko iʻa a hoʻāhu ʻia ʻehā kapuaʻi ke kiʻekiʻe o ka pā puni, a he mākāhā nō ma ka ʻaoʻao hikina ʻākau. Ua ʻōlelo ʻia ua kūkulu ʻia ia loko iʻa e nā menehune.

Leaping whale

Koholālele fishpond is on the land of ʻĀpua. The northeast two-thirds of the pond wall is eight hundred and eighty-five feet long and thirty feet wide; the southwest third is two hundred and forty-eight feet long and eighty-five feet wide. Earth was dug from the pond and mounded four feet high on the shore around it, with an opening left on the northeast side. The pond is said to have been built by menehune.

Hakipuʻu

Ua hoʻolilo ʻia ka ahupuaʻa ʻo Hakipuʻu i nā kāhuna i ke au kahiko. Na Kahahana, Kahekili, Kalanikūpule a me Kamehameha I i hana penei, i ka hoʻolilo ʻana aku i ʻāina no kō lākou kāhuna.

I hoʻokahi wā, ʻo Hakipuʻu kahi noho a Kahaʻi. Nāna nō i holomoana aku i Kāmoa a lawe mai i ka lāʻau ʻulu hou i Hawaiʻi nei. No ia mea, ua hana maikaʻi nā aliʻi iā Kahaʻi. No laila, ʻaʻole i pono iā ia e hoʻēmi iho i nā peʻa i kona kāʻalo ʻana aʻe i ka ʻāina ʻo Kualoa (ma ka ʻaoʻao 2). I ka makahiki 1795, ua hoʻēmi peʻa ihola ʻo Kamehameha i Hakipuʻu i ka hōʻike mahalo no Kahaʻi.

ʻŌʻili pinepine mai ke kupua ʻīlio, ʻo Kaupē, mehe ʻīlio la i nā ʻōpua ma luna o Hakipuʻu. I ke kakahiaka nui a i ka mōlehulehu, ua alakaʻi akula ʻo ia i nā kānaka lawaiʻa i kahi hāiki i loko o ke awāwa a poʻipō iā lākou.

Ua uhi ʻia nā wahi ʻāina nenelu makai o ke Alanui Kamehameha me nā loʻi kalo ā hiki i uka ma kaʻe o ke kahawai o Hakipuʻu. Na ka punawai ʻo Kailau i waikahe i nā loʻi kokoke i ka loko iʻa ʻo Mōliʻi (ma ka ʻaoʻao 16).

Hill broken

The ahupuaʻa of Hakipuʻu was given to the kāhuna in ancient times. Kahahana, Kahekili, Kalanikūpule, and Kamehameha I followed this practice by giving the land to their kāhuna.

Hakipuʻu was once the home of Kahaʻi, who is said to have voyaged to Kāmoa (Samoa) and brought the first ʻulu tree to Hawaiʻi. Because of this, the aliʻi treated Kahaʻi as one of their own. He did not have to lower his sails when he passed the land of Kualoa (see page 2). In 1795, Kamehameha lowered his sails at Hakipuʻu to show respect for Kahaʻi.

Kaupē, the dog demigod, often appeared as a dog in the clouds over Hakipuʻu. In the early morning or late evening hours he would lead fishermen into a narrow place in the valley and attack them.

Taro terraces once covered the low-lying wetlands makai of Kamehameha Highway and ran mauka following Hakipuʻu stream. The Kailau spring fed the terraces near Mōliʻi fishpond (see page 16).

Mōli'i

Ua 'ōlelo 'ia na nā menehune i kūkulu i ka loko i'a 'o Mōli'i. Ho'okahi haneli me iwakāluakūmāhā 'eka ona nui ma ka 'āina o Hakipu'u (ma ka 'ao'ao 14). Mai kai welelau ā i ka welelau a'e, 'ehā kaukani kapua'i ka lōkihi o ka pā puni. He mau mākāhā nō ma ka pā makai. 'O ka māhele hikina o ka pā puni he pale kai one laulā me ke alo pōhaku ia manawa. I kīnohi, ho'okahi wale nō ia loko i'a, na'e ua ho'opālua 'ia i nā makahiki mua o nā 1900. Ua ho'olimalima 'ia ka loko i'a i kekahi 'ohana Pākē no nā makahiki he nui a na lākou i hānai 'anae. I ka makahiki 1963, mau nō ka hānai i'a 'ana no ke kālepa 'ana a'e.

Ua 'ōlelo 'ia ua pili 'ia ia loko i'a 'o Mōli'i me ka loko i'a 'o Huilua ma Kahana ma o kahi ana puka i hana 'ia e kahi manō a nāna i kipa aku ai i nā loko 'elua.

Small section

Mōli'i fishpond is said to have been built by menehune. It covers an area of one hundred and twenty-four acres on the land of Hakipu'u (see page 14). End to end, the wall is four thousand feet long. There are mākāhā (sluice gates) on the makai wall. The eastern portion of the wall is now a wide sand embankment with stone facings. The pond was originally a single pond, but it was divided in the early 1900s. The pond was leased for decades to a Chinese family who used it to harvest mullet. In 1963, it was still in commercial use.

Mōli'i fishpond and Huilua fishpond in Kahana are said to be connected by an underground passage that was built by a manō, or shark, who would visit both ponds (Devaney et al. 1982: 145-146).

Nānāhoa

Aia 'o Nānāhoa, he pōhaku ule, ma luna o ka lapa o Mo'okapu O Hāloa. 'Ane'ane haneli kapua'i ke ki'eki'e o ia ule. 'O ka hoa pōhaku wahine o Nānāhoa, aia ma lalo la ma ka loko i'a 'o Mōli'i (ma ka 'ao'ao 16) a 'o Kalū'au ka inoa.

Ma muli o ka mo'olelo, he keiki kapu 'o Nānāhoa no Kahiki mai ma luna o ka malu o Kānehoalani. Ua pāpā 'ia ke keikikāne e nānā wahine ā hiki i kona noho pū 'ana me kekahi wahine. Na kekahi kaikamahine kai nui a'e i loko o ho'okahi lā i huaka'i mai mai Kahiki ā hiki mai i O'ahu nei, ma muli o kona hūhū i kona makuakāne. Ua pae maila 'o ia i ke kapa kai o Hakipu'u a moe ihola ma luna o nā pōhuehue. I kēlā kakahiaka, ho'okuli 'o Nānāhoa i kona kahu a iho iki i lalo i ka pali. Nānā pono 'o ia i ka wahine u'i e hiamoe ana ma kapa kai a lilo 'o ia i Pōhaku O Nānāhoa.

Behold companion

Nānāhoa, a phallic stone, is located on the ridge of Mo'okapu O Hāloa. This stone is almost a hundred feet high. The female stone associated with Nānāhoa is located on the Mōli'i fishpond (see page 16) and is known as Kalū'au.

The story goes that Nānāhoa was a keiki kapu, or sacred child, who came from Kahiki under the care of Kānehoalani. The child was forbidden to look at a woman until he was married. A girl who grew up in a single day journeyed from Kahiki to O'ahu after being angered by her father. She reached the shores of Hakipu'u and fell asleep on some pōhuehue vines. That morning Nānāhoa disobeyed his kahu (guardian) and climbed partway down the cliff. He stared at the beautiful woman sleeping on the beach and turned into Pōhaku O Nānāhoa.

Puakea

He heiau nui ʻo Puakea a ʻekolu ona kīpapa. No nā pā kīpapa, ua hoʻoalo ʻia me nā pōhaku ʻelua a ʻekolu kapuaʻi ke kiʻekiʻe a hoʻopiha ʻia i loko me mau pōhaku ʻano liʻiliʻi. ʻO ka huku iki ma hope o ka waenakonu o ke kīpapa kiʻekiʻe loa kahi paha kēlā o ka ʻanuʻu. Ma ka ʻaoʻao hikina o ke kīpapa ma lalo, aia he nuʻu lepo no ka lele.

He puʻuhonua ʻo Puakea; ʻo Kaʻōpulupulu kona kahuna nui. Ua lawe ʻia aku ka hapanui o nā pōhaku no ka hana alanui kokoke, a ʻo ke kīpapa ma lalo loa, ua kanu ʻia ka halakahiki ma luna ona. I neia lā, piha kēia wahi i ka lākana me nā lāʻau palama Iawa, a kaha ʻia e nā ala keʻe a nā pipi.

White blossom

Puakea was a large three-terrace heiau. The enclosing walls were faced with two- to three-foot-high stones and filled with smaller rocks. The slight elevation behind the center of the highest terrace was the probable site of the anuʻu, or oracle tower. On the east side of the lower terrace was an earth elevation used as a lele, or altar for human sacrifice.

The heiau of Puakea was a puʻuhonua, or place of refuge; Kaʻōpulupulu was its priest. Most of the stones were removed for building roads in the area, and the lowest terrace was planted with pineapple. Today, lantana and Java plum trees cover the site, and cattle trails wind across it.

Waiakāne

Ua kapa 'ia ke ahupua'a 'o Waiakāne no ke akua 'o Kāne no ka mea, ua 'eli a loa'a wai ma 'ane'i na kō Paliuli. Ma lalo o ka pali o Paliuli, aia nā wai kaulana 'o Wai'ololī a me Wai'ololā (ma ka 'ao'ao 28).

Noho ke ali'i 'o Laka ma Waiakāne. Ua hānau 'ia 'o ia ma Kīpahulu, Maui, akā noho ali'i 'o ia i Ko'olau Poko. Aia kona hale ma Hale'ula, Waiakāne. No ka holo hōlua kaulana 'o Kapahu, aia nō ma hope o ka Hale Pule Kakolika, 'o Our Lady of Mt. Carmel.

Ua ho'opaepae 'ia nā lo'i kalo ma ka'e o ke kahawai o Waiakāne. Ma ka 'ao'ao hema o Waiakāne, ua loa'a nō kekahi mau lo'i kalo i ho'okahe 'ia e ke kahawai 'o Waike'eke'e.

Water of Kāne

The ahupua'a of Waiakāne was named for the god Kāne because he dug for water here to benefit the people of Paliuli. Below the cliffs of Paliuli are the famous waters of Wai'ololī and Wai'ololā (see page 28).

An ali'i named Laka lived at Waiakāne. He was born in Kīpahulu, Maui, but ruled in Ko'olau Poko. His house was located at Hale'ula, Waiakāne. The famous Kapahu hōlua slide was situated behind Our Lady of Mt. Carmel Catholic Church.

Taro terraces were built along the Waiakāne stream. On the southern side of Waiakāne were more terraces, which were fed by the Waike'eke'e stream (Handy and Handy, 1972: 442).

Pueo

'O Pueo he ali'i 'o ia o ke ahupua'a 'o Ka'alaea (ma ka 'ao'ao 34). Ua ho'onahoa akula 'o ia iā Hi'iakaikapoliopele, kaikaina punahele o Pele, i kona huaka'i ma Ko'olau Poko. Ua paio lāua a ho'omake 'o Hi'iaka iā Pueo. 'O ka piko pu'u ma ka 'ao'ao 'ākau o ka uwapo, ua kapa 'ia nona, 'o Pu'u Pueo no ia.

Owl

Pueo was an ali'i of the ahupua'a of Ka'alaea (see page 34). He made war on Pele's sister Hi'iakaikapoliopele as she traveled through Ko'olau Poko. The two fought and Hi'iakaikapoliopele killed Pueo. The mountain peak to the right of the pier is called Pu'u Pueo after him.

Kukuianiani

'O Kukuianiani he heiau ia ma lalo o Pu'u Pueo (ma ka 'ao'ao 24), a 'elua ona kīpapa. Aia loa'a mau he pōhaku nui ma ka paepae puka o ke kīpapa o lalo. Aia nō 'elua poho ma luna o ka pōhaku, no ke kuai 'ana. Aia a'e i luna o Kukuianiani, he mau haneli kapua'i paha i luna, aia ka heiau 'o Ka'awakoa, ua 'ōlelo 'ia he heiau pili lua ia. Ua lawe 'ia akula nā pōhaku o Ka'awakoa a e koe wale nei nō kahi pā pua'a.

Flickering light

Kukuianiani is a two-terrace heiau below Pu'u Pueo (see page 24). A large stone remains at the foot of the lower terrace. Two depressions on the surface of the stone suggest it was once used as a mortar for grinding. A few hundred feet above Kukuianiani was the heiau of Ka'awakoa, said to be a companion structure. The stones of Ka'awakoa have been removed and only a pigpen remains.

Wai'ololī
Wai'ololā

Aia i ke ahupua'a 'o Waiakāne (ma ka 'ao'ao 22) nā wai o Wai'ololī me Wai'ololā, i hō'ike 'ia i loko o ke Kumulipo.

> He pō uhe'e i ka wawā
> He nuku,
> he wai ka 'ai a ka lā'au
> 'O ke Akua ke komo
> 'a'oe komo kanaka
> 'O kāne ia Wai'ololī
> 'O ka wahine ia Wai'ololā

'O Wai'ololī ke awa hāiki, kahi o ke kai hānupanupa. 'O Wai'ololā kahi o nā 'ale e ha'i 'ole mai.

Narrow waters
Broad waters

In the ahupua'a of Waiakāne (see page 22) are the waters of Wai'ololī and Wai'ololā, which are mentioned in the Kumulipo chant.

> It is night passing through the passage
> Of an opening,
> a stream of water is the food of plants
> It is the god who enters,
> not as a human does he enter
> Male for the narrow waters
> Female for the broad waters.
> (Johnson 1981:12)

Wai'ololī refers to a narrow bay where surging water brings fish. Wai'ololā is a wide shoreline where waves roll in without breaking.

Waiāhole

Ua kapa ʻia ka inoa o ke ahupuaʻa ʻo Waiāhole no nā āhole kū ma ka muliwai o ke kahawai o Waiāhole.

Iā Kamapuaʻa, ke kupua, i noho aliʻi ai i Oʻahu nei, ua hoʻolilo akula ʻo ia i nā ʻāina nona nā inoa e hoʻomaka me ka huaʻōlelo wai i ka papa kahuna i ʻike ʻia ʻo nā Lonoawohi. No lākou ka hapanui o nā ʻāina kūʻonoʻono o Oʻahu nei, no laila ma hope, na Kahikiʻula me nā kaikuaʻana o Kamapuaʻa i hoʻolilo hou aʻe i ia mau ʻāina. I ka hoʻolilo hou ʻana aʻe, ua loaʻa i ka papa kahuna Lonoawohi nā ʻāina ʻo Hakipuʻu (ma ka ʻaoʻao 14), Waiāhole a me nā ʻāina ʻo Waimea me Pūpūkea o Koʻolau Loa. Na Kahekili, Kalanikūpule a me Kamehameha nō i hōʻoia like i ia mau kuleana ʻāina.

Kaulana ke ahupuaʻa ʻo Waiāhole i kona kiʻi kalopaʻa. Na kahi moʻolelo mai ka haʻina, "Ke kiʻi kalopaʻa o Waiāhole." He kanaka nō, ʻo Kuapūnohu kona inoa, a kaulana ʻo ia i kāna mau hana ʻano ʻē. I kekahi lā, hele kipa akula ʻo ia i kona kaikuahine e noho ana i Waiāhole. Iā ia i hōʻea akula, aia kuahine i ka lawaiʻa ʻana, akā eia kāna kāne ma kauhale. Noi akula i ʻai nāna. Pane mai ke kāne, Imaʻole, "Loaʻa nō ka mea ʻai, aia nō e kū ala ma ka loʻi." Hoʻohūhū maila ia pane iā Kuapūnohu, a hele akula ʻo ia i ka loʻi a huki i ʻelua kalo. ʻOkiʻoki ʻo ia i nā kalo a puhi ahi ā ʻālehu wale. Pēlā mau kāna huki a puhi ʻana ā pau loa ka loʻi ʻeka ʻehā āpau. "Ā laʻa, ā laʻa lā!" kāna i haʻi aʻe a haʻalele akula. Mākiʻa paha kū ka haʻina, "Ke kiʻi kalopaʻa o Waiāhole" i kēia kanaka paʻakikī hoʻi.

ʻO nā loʻi kalo o lalo, ua hoʻokahe ʻia e ke kahawai o Waiāhole. A ua kanu ʻia ke kalo i uka ma kaʻe o ke kahawai ʻo Waianu ā hiki i uka o ka Waiāhole Forest Reserve. I nā makahiki o nā 1920, na kanakolu wailele i hoʻokahe mai i nā kahena wai ʻo ʻUwao, Waianu, a me Waiāhole. Aia he mau pā hale i uka loa, akā naʻe hehia nā pā hale e nā pipi.

Āhole water

The ahupuaʻa of Waiāhole was named for the schools of āholehole that can be found in the brackish water where Waiāhole stream meets the sea.

When Kamapuaʻa, the pig demigod, ruled Oʻahu, he gave all the lands whose names began with the word wai, meaning water, to a special group of kahuna known as the Lonoawohi. This gave the group a monopoly of the well-watered lands on Oʻahu, so later Kahikiʻula and Kamapuaʻa's older brothers redistributed these lands. In the redistribution, the Lonoawohi kahuna were given the lands of Hakipuʻu (see page 14) and Waiāhole as well as the lands of Waimea and Pūpūkea in Koʻolau Loa. Kahekili, Kalanikūpule, and Kamehameha also confirmed these land titles (Kamakau 1961: 231).

The ahupuaʻa of Waiāhole was known for its kiʻi kalopaʻa, or hard taro. Legend tells of a warrior named Kuapūnohu, who was known for his strange deeds. He went to visit his sister in Waiāhole. When he arrived, his sister was out fishing, but her husband, Imaʻole, was home. Kuapūnohu asked if there was any food. Imaʻole replied, "We have food, but it's standing in the patch." This answer angered Kuapūnohu, and he went to the patch and pulled out two kalo. He cut them into pieces and burned them to ashes. He continued pulling out and burning kalo until the whole four-acre patch was destroyed. "Serves him right," he said and left. "The hard taro of Waiāhole" perhaps refers to this obstinate man.

Taro terraces in the lowlands were irrigated by the Waiāhole stream. Taro was also planted inland along the Waianu stream up into the Waiāhole Forest Reserve. In the 1920s, thirty waterfalls fed the streams of ʻUwao, Waianu, and Waiāhole. Habitation sites were found in the uplands, but due to the introduction of cattle, the sites are in poor condition (Handy and Handy, 1972: 453).

Kūōlani

I ke au i hala, he lua koʻi no ma luna o ka lapa ma lalo o Puʻu Kūōlani, he lua koʻi nō. He pōhaku paʻa māono nā pōhaku o nā hene o ka puʻu. ʻO ia lua koʻi ke kumu o nā kepue me nā unu i loaʻa mai ai i lalo i nā ʻāina o kai o Waiāhole (ma ka ʻaoʻao 30). Aia ʻo Puʻu Kiolea me Puʻu Kauaʻi ma lalo o Puʻu Kūōlani.

Heaven's cry

There was once an adze quarry on the ridge leading to Puʻu Kūōlani. The boulders found along the slopes of the hill were of a fine-grained, bluish basalt. The quarry was the source of the blanks, flakes, and chips found in the lowlands of Waiāhole (see page 30). Puʻu Kiolea and Puʻu Kauaʻi lie below Puʻu Kūōlani.

Ka'alaea

Ua kapa 'ia ka inoa 'o Ka'alaea no ka 'alaea i loa'a ai ma luna o ka pu'u Pōpō'alaea. He mea waiwai nui ka 'alaea no ka ho'olu'u 'ana, no ka lapa'au ho'opau kahe koko, a no nā hana ho'oma'ema'e.

'O Ka'alaea ka inoa ia o kekahi wahine ali'i o kēia ahupua'a. Noho pū aku 'o ia me Puniakai'a o Mōkapu (ma ka 'ao'ao 70). Hiki iā Puniakai'a ke kāohi i nā i'a āpau o ka moana ma 'o kona pili kāmau me Uhumāka'ika'i, ka makua o nā i'a āpau. 'O Puniakai'a ke keiki kāne ia a Halekou (ma ka 'ao'ao 86) lāua 'o Nu'upia (ma ka 'ao'ao 88), nā inoa ia o nā loko i'a 'elua o ka 'anemoku 'o Mōkapu. Ha'alele 'o Puniakai'a iā Ka'alaea ma muli o ka nukunuku 'ia mai e kekahi o kō Ka'alaea makuahine.

'Ane'ane i Pu'u Kāhea (ma ka 'ao'ao 40), ua loa'a kekahi mau māla kalo i ho'okahe 'ia e ka punawai o Hi'iaka. I uka a'e i ka 'owāwa, ua loa'a 'ekolu punawai 'oko'a, 'o Keahue, 'o Kanaloa a me Kahoupookāne, nā kumu wai nui ma mua no nā lo'i kalo o Ka'alaea. I ke au hou, nui nā mahina kō, laiki, a me hala kahiki i ho'okumu 'ia ai i Ka'alaea.

The ocherous earth

The ahupua'a of Ka'alaea was named for the reddish 'alaea (dirt) found on the hill of Pōpō'alaea. The dirt was highly valued as a dye, a medicine for treating internal hemorrhages, and an element in purification ceremonies.

Ka'alaea was the name of an ali'i woman from this ahupua'a. She married Puniakai'a of Mōkapu (see page 70), who could control all fish in the ocean through his friendship with Uhumāka'ika'i, the parent of all fish. Punaiakai'a was the son of Halekou (see page 86) and Nu'upia (see page 88), the names of two fishponds on Mōkapu peninsula. Puniakai'a left Ka'alaea after he was insulted by one of Ka'alaea's aunts.

Near Pu'u Kāhea (see page 40), taro terraces were found, watered by the spring of Hi'iaka. Farther up the valley were three other springs, known as Keahue, Kanaloa, and Kahoupookāne, which were the primary water sources for the irrigated taro terraces in Ka'alaea. In historical times, extensive plantations of sugar, rice, and pineapple were established in Ka'alaea (Handy and Handy 1972: 453).

Māhinahina

'O Māhinahina, Onehuna, Onehali, a me Kaipuolea nā one kaulana i halihali 'ia mai ai mai Kahiki e La'amaikahiki, kama (hānai 'ia paha) a Mō'īkeha, ali'i holomoana hanohano. Ma muli o ho'okahi mo'olelo, ua hānau 'ia 'o La'amaikahiki i Hawai'i nei a mahope, lawe 'ia aku i Kahiki; ma kekahi mo'olelo, ua hānau 'ia 'o ia 'i Kahiki. Nui ka 'i'ini o Mō'īkeha e hui kino hou me ia, no laila ua 'au moana maila 'o La'amaikahiki i Hawai'i nei. (ma ka 'ao'ao 116) Aia nā one ma 'ō akula o Hāku'iku'i ma ka 'ao'ao o lalo o ka lae 'Aulili.

> *I Onehuna, i Onehali*
> *A kele 'akiu, a kelekele 'akiu*
> *Ke one i Māhinahina*
> *Ka ipu i o Lea lā.*

Silvery haze;
pale moonlight

Māhinahina, Onehuna, Onehali, and Kaipuolea were the famous sands brought from Kahiki (Tahiti) by La'amaikahiki, the son (some say an adopted son) of the famous voyaging ali'i Mō'īkeha. One legend states that La'amaikahiki was born in Hawai'i and later taken to Tahiti, another that he was born in Tahiti. Mō'īkeha longed to see him so La'amaikahiki traveled to Hawai'i (see page 116). The sands are found past Hāku'iku'i at the lower side of 'Aulili point.

> *At hidden sand, at fetched sand*
> *Sail to safety, sail, sail to safety,*
> *At the sands of Māhinahina*
> *Is the gourd of Lea.*

Nā waʻa liʻiliʻi kioloa

ʻO nā waʻa liʻiliʻi kioloa nā waʻa i halihali mai nā one o Onehuna, Onehali, Kaipuolea, a me Māhinahina (ma ka ʻaoʻao 36) mai Kahiki ā hiki loa mai i Hawaiʻi nei. I ka pae waʻa ʻana mai i Kaʻalaea (ma ka ʻaoʻao 34), ua lilo i pōhaku. O ka ʻōmilo waʻa Kahiki i ka wā ma mua, ua ʻaʻai ʻia nā pōhaku e ke kai. I ka wā ma mua, ua kapu ʻia ia mau pōhaku, naʻe ua lawe ʻia aku nei ka hapanui e nā poʻe hana alanui.

The small, long, narrow canoes

Nā waʻa liʻiliʻi kioloa were the canoes that brought the sands of Onehuna, Onehali, Kaipuolea, and Māhinahina (see page 36) from Kahiki to Hawaiʻi. When the canoes beached at Kaʻalaea (see page 34), they were turned into stones. The stones, once shaped like Tahitian canoes, have been eroded by wave action. At one time these stones were under a strict kapu, but road builders removed most of them.

Kāhea

Aia ʻo Kāhea ma luna o ka lapa e kaupale aku ke ahupuaʻa ʻo Waiāhole (ma ka ʻaoʻao 30) mai iā Kaʻalaea (ma ka ʻaoʻao 34). I luna o ia puʻu, ua oli ʻo Hiʻiakaikapoliopele, kaikaina punahele o Pele, iā Pueo (ma ka ʻaoʻao 24), aliʻi o Kaʻalaea penei:

> Na Pueo, ke aliʻi, ka ʻaʻa mai iaʻu e paio,
> ʻAʻa maila ʻo ia i kona lā ikaika
> Ikaika ʻo ia, ikaika nōhoʻi.

A laila, hoʻomake wale aku ʻo Hiʻiakaikapoliopele iā Pueo. Ua kapa ʻia ka punawai a me ka loko ma lalo o Puʻu Kāhea no Hiʻiaka. He puʻu kilo iʻa ʻo Puʻu Kāhea no nā iʻa kū ʻamaʻama a me awa. Ma ia kilo iʻa i kuhia nā lawaiʻa i nā iʻa.

Call

Kāhea is located on the ridge separating the ahupuaʻa of Waiāhole (see page 30) and Kaʻalaea (see page 34). On this hill, Pele's sister, Hiʻiakaikapoliopele, chanted to Pueo (see page 24), chief of Kaʻalaea:

> Pueo, the chief, challenges me to battle,
> He challenges on the day of his strength
> He is strong, strong indeed.

Hiʻiakaikapoliopele then killed Pueo. The spring and pool below Puʻu Kāhea were named for Hiʻiaka. Puʻu Kāhea was also used as a lookout from which schools of ʻamaʻama and awa swimming offshore could be spotted and fishermen directed to them.

Waiheʻe

ʻO Keakaokū he kanaka mūmū ʻo ia. Haʻi ʻia ʻo ia e holo i Kahiki i hui me kekahi wahine e noho pū ana me ia. Ua ʻōlelo ʻia nō, ma ka noho pū ʻana kona ʻōlelo hou. I kona holo aku i Kahiki, ua lele maila kahi heʻe iā ia. Hoʻomake ʻo ia i ka heʻe a nou akula ā hiki i Kahaluʻu. Kahe aʻela ka wale heʻe i ʻō i ʻaneʻi o ka ʻāina a kapa ʻia maila ka inoa ʻo Waiheʻe.

No ke ahupuaʻa ʻo Waiheʻe, he māholahola a he hui ʻino nā loʻi kalo. Loaʻa loʻi kalo hoʻokahi mile me ka hapa i uka ala a na nā waikahe ʻo Waiheʻe, Hāmama me Kalia i hoʻokahe i ia mau loʻi.

Aia i ka makahiki 1826, ua lilo nā kula kai o Waiheʻe i lepo pohō. Ua hoʻomaka ʻia ke kanu laiki i Waiheʻe i 1880, naʻe mau nō ke kanu kalo ma nā loʻi liʻiliʻi. Ma hope mai, ua lilo nā loʻi kalo me nā lepo pohō i ka mahi kō a kanu laiki.

Squid water

Keakaokū, a man who could not speak, was told to travel to Kahiki to meet a woman who would marry him. It was said the marriage would restore his speech. On the way to Kahiki, he was attacked by a large heʻe. He killed the heʻe and threw it back to Kahaluʻu. The slime flowed over the land and the land became known as Waiheʻe.

The ahupuaʻa of Waiheʻe had one of the largest single wetland taro irrigation systems on the Koʻolau side of Oʻahu. The terraces ran back into the valley for a mile and a half, and were fed by the streams of Waiheʻe, Hāmama, and Kalia (Handy and Handy 1972: 453).

As early as 1826, the lowlands of Waiheʻe had turned into marshland. Rice production began in Waiheʻe in 1880, but taro was still grown in small plots. After a few years, commercial sugar and rice took over the taro plots and marshlands (Devaney et al. 1982: 218).

Kahaluʻu

Kaulana ke ahupuaʻa ʻo Kahaluʻu i nā makani wiliwili na nā kuahiwi palipali. Na nā makani wiliwili i hoʻoua a hoʻopulu mai i nā ʻaoʻao āpau o nā hale o laila. Pēlā mai ka ʻōlelo noʻeau, "Ka ua pōʻai hale o Kahaluʻu," "The rain that moves around the homes of Kahaluʻu."

Hoʻokahi manaʻo o Kahaluʻu e pili ana i ka hoʻoluʻu kapa ʻana ma ia wahi. Ma mua loa i kēia ahupuaʻa, ua kanu ʻia nā lāʻau no ka hoʻoluʻu kapa ʻana. Ua pao ʻia a kaha ʻia kekahi pōhaku pāhoehoe. I loko o nā kaha pākahi, hana ʻia he waihoʻoluʻu ʻokoʻa. A hoʻoluʻu ʻia nā kapa i loko. Mai kaha a me luʻu ka inoa ʻo Kahaluʻu.

Na nā waikahe ʻo Kahaluʻu, Kalohaka, Ahulumanu, a me Waiola i wai i nā loʻi kalo o kula kai o Kahaluʻu. Loaʻa nō mau loʻi kalo ma kaʻe o nā kahawai ʻo Kahaluʻu, ʻĀhuimanu a me Waiola i uka loa o ke awāwa.

Diving place

The ahupuaʻa of Kahaluʻu is noted for swirling winds caused by its steep mountains. The swirling winds cause the rain to wet all sides of the houses there. Thus the saying, "Ka ua pōʻai hale o Kahaluʻu," "The rain that moves around the homes of Kahaluʻu" (Pūkuʻi 1983: 173).

One interpretation of the meaning of Kahaluʻu associates the area with tapa dying. In this ahupuaʻa long ago, plants were grown for dyes. A stone slab of pāhoehoe was hollowed and kaha, or grooved. Each groove held a particular color of dye. The tapa was then hoʻoluʻu, or immersed, into the dyes. Kaha, or grooved, and luʻu, or immersing, form the name Kahaluʻu.

The Kahaluʻu, Kalohaka, Ahulumanu, and Waiola streams fed the taro terraces on the lowlands of Kahaluʻu. Taro terraces were also built along the Kahaluʻu, ʻĀhuimanu, and Waiola streams up into the back of the valley (Handy and Handy 1972: 454).

Kahonua

He iwakāluakūmāono 'eka ka nui o ka loko i'a 'o Kahonua. He 'umikūmālua haneli kapua'i ka lōkihi o ka pā puni a loa'a nō 'elua mākāhā. I kahi manawa, 'o Kaku ke kahu o ia loko i'a.

I 1828, no Kauikeaouli ia loko i'a. A ma ka lā mua loa o kēlā makahiki, ua 'ae 'ia nā maka'āinana o Kahalu'u e ki'i a lawe aku i nā 'ama'ama āpau hiki iā lākou kē halihali aku. I kēia lā, ua kapu ka loko i'a i ka 'ona hou.

Earth

Kahonua fishpond covers twenty-six acres. The enclosing wall is twelve hundred feet long and contains two mākāhā. At one time, Kaku was the keeper of the fishpond (Devaney et al. 1982: 145-146).

In 1828, the fishpond belonged to Kauikeaouli. On New Year's Day of that year, the people of Kahalu'u were allowed to take all the 'ama'ama they could carry (Scott 1968: 736). Today the fishpond is privately owned.

ʻĀhulimanu

ʻO ka lokowai ʻo ʻĀhulimanu he wahi punahele no ke kia manu ʻana. Hīpuʻu ʻia nā wāwae o nā manu make a hoʻokaʻana ʻia ma waena o nā kia manu.

Aia nā mahina ʻai ā puni o ka lokowai ʻo ʻĀhulimanu.

Birds looking [for water]

ʻĀhulimanu pond was a choice area for bird hunting. The feet of the dead birds were tied into bundles and divided among the bird catchers.

The ʻĀhuimanu agricultural complex surrounded ʻĀhulimanu pond.

Palikea

'O Palikea he punawai ia aia kokoke i ke kumu pali o ka 'ōawa 'o 'Āhuimanu. Aia nā lo'i kalo o 'Āhulimanu (ma ka 'ao'ao 48) ma lalo pono o Palikea. Ho'okahi kēia laulā mahina 'ai nui a'e o nā mahina 'ai e mau nei i O'ahu. He iwakāluakūmāono kaukani 'elima haneli mika 'ili ka nui o ka 'āina i pā pōhaku 'ia a aia i loko ho'okahi haneli lo'i a 'oi. Aia pipili i ka laulā mahina 'ai kahiko o 'Āhuimanu ke kūkulu 'ana i nā hale hou o 'Āhuimanu Hills subdivision.

White cliff

Palikea is a spring located near the foot of the cliffs of 'Āhuimanu valley (Hall 1985: 91). The taro terraces of 'Āhulimanu (see page 48) are found just below Palikea. It is one of the largest agricultural complexes still preserved on the island of O'ahu. Its stone walls cover an area of twenty-six thousand five hundred square meters and form the boundaries of more than a hundred terraces. The construction of the new 'Āhuimanu Hills subdivision borders on the 'Āhuimanu terrace system.

He'eia Kea
He'eia Uli

No ke ahupua'a 'o He'eia, ua māhele 'ia i 'elua māhele: He'eia Kea a me He'eia Uli. 'O He'eia Kea kahi one mua ma ka 'ao'ao komohana 'ākau o ka lae Ke'alohi (ma ka 'ao'ao 54). 'O He'eia Uli kahi ma ka 'ao'ao hikina hema mai o ka lae Ke'alohi ā hiki i ka hale pule kakolika o St. Ann. Ua loa'a nā lo'i kalo ma ke kula kai a ma ka'e o nā kahena wai ā hiki i uka o ke awāwa. Ua ho'okahe 'ia nā lo'i e nā waikahe 'o He'eia, Kalimukele, Pū'olena, Ha'ikū, 'Ioleka'a a me Kaiwike'e.

'O He'eia ke keiki kāne kōlea a Haumea a mo'opuna a 'Olopana. Ua kapa 'ia 'o ia 'o He'eia (he'e 'ia) no ka nalu nui i lawe aku iā Haumea mā i ke kai. Pae akula lākou i ka moku iki 'o Kapapa i Kahalu'u.

Noho akula 'o He'eia me Ka'ōhelo, he kaikaina o Pele, Hi'iaka, a me Malulani. Ma hope, ha'alele 'o ia iā ia no ha'i, a ua kā'awe 'o Malulani ā make no kona kaumaha nui no Ka'ōhelo. Ua lū 'ia a'ela nā 'ope li'ili'i o kō Malulani māhele kino i loko o ke kai o He'eia a lilo i nā ko'a 'oi'oi o He'eia.

Na ka mo'olelo ka wehewehe 'ana mai i ka loa'a 'ana o ka unahi uliuli i ka i'a hilu. He māhoe 'o Hilu'ula (he kāne) a me Hilu uli (he wahine). Hiki iā lāua ke lilo i ke kino i'a hilu a i ke kino kanaka. Aia a ha'alele 'o Hilu uli i kona kaikunāne a me kona mau mākua a holoholo ā i He'eia, lilo 'o ia i kona kino hilu a holo kai a'ela. I kona holoholo kai 'ana, ho'onui 'o ia i ka nui o nā hilu i He'eia, ā 'ula'ula ke kai i ka hilu. I 'ike ka po'e o He'eia me Kāne'ohe i kēia, holo 'āwīwī lākou no nā 'upena. 'Akahi nō a lākou i 'ike i ia 'ano i'a. 'Aha 'aina kō He'eia i ka hilu uli. A hiki maila kō Hilu uli kaikunāne, 'o Hilu'ula, i He'eia a 'ike maka i ka hilu uli ma luna o nā ahi. No kona hūhū nui loa, lilo 'o ia i makani wili, komo i loko o nā hale ho'omo'a hilu, a papā a'ela i nā hilu ā i ke kai. Mai kēlā manawa mai, loa'a nā unahi uliuli i ka hilu.

White He'eia
Dark He'eia

The ahupua'a of He'eia is divided into two sections: He'eia Kea and He'eia Uli. He'eia Kea is the first sandy area northwest of Ke'alohi point (see page 54). He'eia Uli is the area running southeast from Ke'alohi point to St. Ann's Catholic Church. Taro terraces were found in the lowlands and followed the streams into the back of the valley. The terraces were irrigated by He'eia, Kalimukele, Pū'olena, Ha'ikū, 'Ioleka'a, and Kaiwike'e streams (Handy and Handy 1972: 455).

He'eia was the foster son of Haumea and grandson of 'Olopana. He was named He'eia (to be washed out) in commemoration of a large wave that washed Haumea and other people out to sea. They washed ashore at Kapapa island in Kahalu'u (Devaney et al. 1982: 219).

He'eia married Ka'ōhelo, a sister of Pele, Hi'iaka, and Malulani. He later abandoned her for someone else, and Malulani hung herself out of grief for Ka'ōhelo. Small bundles of Malulani's body were scattered in the sea and became the sharp coral of He'eia.

The people of He'eia play a role in the legend of how the hilu fish got its dark scales. Hilu'ula (male) and Hilu uli (female) were twins. They could take the form of the hilu fish as well as human forms. When Hilu uli left her brother and parents to travel to He'eia, she assumed the hilu form and traveled in the sea. During her trip, she increased the number of hilu in He'eia until the sea was red with them. When the people of He'eia and Kāne'ohe saw this, they rushed for their nets. They had never seen this type of fish before. The He'eia people feasted on the hilu uli. When Hilu uli's brother, Hilu'ula, arrived in He'eia and saw the hilu uli on the fires, he was so angry, he took the form of a whirlwind and entered the houses of the people cooking hilu uli and blew the fish back into the ocean. From then on the hilu uli had dark scales (Thrum 1923: 273).

Ke'alohi

He leina 'o Ke'alohi. Mamuli o ka mo'olelo, kē hiki aku nā 'uhane i ka leina, ua ho'okolokolo 'ia la nā 'uhane. Kekahi, ua ho'okolokolo 'ia he kea, a kekahi he uli. Lele nā 'uhane uli ā i He'eia Uli (ma ka 'ao'ao 52), a na nā 'uhane kea i lele a'e ā i He'eia Kea (ma ka 'ao'ao 52).

Aia ma ka lae Ke'alohi ka heiau Kalae'ula'ula, akā ua ho'opau 'ia i ke kanu hala kahiki 'ana ma laila.

The brightness

Ke'alohi is a leina, or place where the souls of the dead leap into the sea. According to legend, when the souls reached the leina, their lives were judged. Some souls were judged white and some black. The black souls jumped toward He'eia Uli, the dark He'eia (see page 52), while the white souls leaped toward He'eia Kea, the white He'eia (see page 52).

The Kalae'ula'ula heiau was once located at Ke'alohi point, but it was destroyed when a pineapple plantation was built in the area.

He'eia

He 'elima kaukani kapua'i ka lōkihi o nā pā puni o ka loko i'a o He'eia a he kanawalukūmāwalu mau 'eka o loko. He puka nui nō i ka 'ao'ao hikina hema o ka pā puni i lo'ohia kokoke i 1965. A loa'a kekahi mau mākāhā o ka pā puni. Na ka mākāhā o ka pā ma kai ke kāohi i ke kaikahe i loko o ka loko i'a. Ua pa'a neia mau mākāhā e kekahi mau pōhaku naonao.

I kēia lā, ulu pupupu nā kukuna o ka lā ma luna o nā pā. Kapu ia loko i'a i ka 'ona pono'ī a e ho'oponopono 'ia ana ka loko i'a.

Aia ka hāpapa 'o Ko'amanō ma waho mai o ka loko i'a o He'eia. A nui nā ana, kahi o nā manō i noho ai. Noho 'o Makanui ma ka 'ao'ao komohana ākau o ka loko a nāna ka mālama a hānai 'ana i nā manō. No kekahi manawa, nalowale mau ana nā kupapa'u mai He'eia (ma ka 'ao'ao 52) i ka pō. A i kekahi pō, kaunānā 'ia na nā manō o Ko'amanō e lawe mau ana i nā kupapa'u i kō lākou ana. Hūhū loa ka po'e o He'eia a hānai aku lākou iā Makanui i nā manō.

To be washed out

The walls of He'eia fishpond are five thousand feet long and enclose eighty-eight acres. There is a large break in the southeast wall, which occurred around 1965. Several mākāhā are found in the walls. The mākāhā on the makai wall controlled the amount of salt water that flowed into the pond. These gates were secured by grooved bluestone rocks (Devaney et al. 1982: 146-155).

Today, mangroves grow densely on the walls. The fishpond is privately owned and is in the process of being restored.

The reef of Ko'amanō was a short distance outside of He'eia fishpond. The reef contained many caves where sharks lived. Makanui, who lived on the northwest side of the fishpond, cared for and fed the sharks. For a while, corpses from He'eia (see page 52) were disappearing at night. One night someone discovered the sharks of Ko'amanō taking corpses to their caves. The people of He'eia were so angry, they fed Makanui to the sharks.

Luamoʻo

Aia ka ʻāina o Luamoʻo kokoke i ke alanui ma Heʻeia. Ua noho ʻo Meheanu, ke kahu o ka loko iʻa o Heʻeia (ma ka ʻaoʻao 56), ma ʻaneʻi. Hiki wale iā ia ke lilo i moʻo a i ʻole i puhi. I kekahi manawa, piha ʻo Luamoʻo i nā hihia hau. Kē lilo lenalena ka hau, he moʻo ʻo Meheanu ma luna o ka ʻāina. A kē lilo uliuli ka hau, he puhi ʻo ia ma loko o ka loko iʻa.

Moʻo pit

The land of Luamoʻo is situated near the Heʻeia viaduct. Meheanu, the caretaker of Heʻeia fishpond (see page 56), lived here. She had the power to change herself into a moʻo (water lizard) or a puhi (eel). At one time, Luamoʻo was covered with hau thickets. When the hau turned yellow, Meheanu was in the form of a moʻo on land. When the hau turned green, she was in the form of a puhi in the fishpond.

ʻIolekaʻa

He pali ʻo ʻIolekaʻa ma nā kuahiwi ma hope o Heʻeia (ma ka ʻaoʻao 52). Ma muli o nā kaʻao, hakakā nā ʻiole kamaʻāina o Heʻeia me nā ʻiole malihini o ʻEwa, Honolulu, a me Waiʻalua. Holoholo pinepine mai nā ʻiole malihini ma ke kualapa Kaiwipoʻo. Ma laila lākou i hui me nā ʻiole o Heʻeia a na nā ʻiole kamaʻāina i alakaʻi iho i nā ʻiole malihini i lalo ma ke alo pali kūnihi. Aia a kū i kāhi pōhaku nihi a limua, lele nā ʻiole Heʻeia ā i ke kaulu kokoke. A kakaʻa nā ʻiole malihini i lalo ā i loko o kahi kiʻowai iki. ʻOkoʻa nā wāwae o nā ʻiole. He wāwae uliuli a i ʻole keakea nā wāwae o nā ʻiole malihini a ʻulaʻula nā wāwae o kō Heʻeia ʻiole.

Rolling rat

ʻIolekaʻa are mountain cliffs behind Heʻeia (see page 52). Legends describe the kamaʻāina rats of Heʻeia fighting with the rats of ʻEwa, Honolulu, and Waiʻalua. These malihini rats often traveled on the Kaiwipoʻo range. Here they were met by the Heʻeia rats, who would volunteer to escort them down the steep cliff. When they reached a mossy, steep rock on the cliff, the Heʻeia rats would jump to safety on a nearby ledge. The malihini rats would fall over the pali into a small pool. The feet of the rats distinguished where they came from. The malihini rats had black or white feet, while the Heʻeia rats had red feet.

Kaualaukī

Aia ka heiau ʻo Kaualaukī ma luna o ka puʻu kokoke i nā pali o ʻIolekaʻa (ma ka ʻaoʻao 60). Hoʻokahi haneli me ʻumikūmālima kapuaʻi ka lōkihi a ʻumi kapuaʻi ke kiʻekiʻe o ke kīpapa o lalo. Luku ʻia wale ka hapanui o ia heiau i ka mahina hala kahiki ma laila, akā hiki kē ʻike ʻia nā kāhonua me nā pōhaku.

The ti-leaf rain

The heiau of Kaualaukī is situated on a hill near the cliffs of ʻIolekaʻa (see page 60). The lower terrace was one hundred and fifteen feet long by ten feet high. Most of the structure was destroyed when a pineapple plantation was built there, but earth embankments and stones can still be seen in the vicinity.

Leleahina

Aia ka heiau 'o Leleahina i Ha'ikū Plantation kokoke i nā pali o 'Ioleka'a (ma ka 'ao'ao 60). Ma waena o 'elua pā hale hou ka heiau. 'Elua kīpapa nō kona, ho'okahi haneli me 'umikūmālima kapua'i ka lōkihi a ho'okahi haneli me 'umi kapua'i ka laulā. Aia ma ke kihi hikina hema paha kahi o ka lele a i 'ole ka 'anu'u. Ua hana 'ia he pā ilina ma luna o ke kīpapa o luna. Ua 'ōlelo 'ia ua kanu 'ia 'o Keli'ikana-ka'ole me kāna wahine 'o Kopaea ma 'ane'i. Ua kukulu 'ia paha nā pā o ka pā ilina me nā pōhaku o nā pā ma ka 'ao'ao ma uka o ka heiau pono'ī, no ka mea pau'aka nui neia mau pā heiau.

Altar for Hina

The Leleahina heiau is located in Ha'ikū Plantation near the cliffs of 'Ioleka'a (see page 60). The heiau, which lies between two residential lots, is a two-platform structure measuring one hundred and fifteen feet by one hundred and ten feet. On the southeast corner of the lower platform is the probable site of the lele or anu'u. A graveyard forty feet square was built on the upper platform. Keli'ikanaka'ole and his wife, Kopaea, are said to be buried here. The walls of the graveyard were probably built with stones from the mauka heiau walls, since these walls were found badly disturbed.

Kaualehu

Aia ke ana o Kaualehu i ka pali o Heʻeia (ma ka ʻaoʻao 52). Ua ʻōlelo ʻia ua noho ʻo Kāmehaʻikana, he akua wahine o ka honua, ma ʻaneʻi. ʻO kāna hana maʻa mau ka hele ʻohi limu i kai o Heʻeia a hoʻi hou i uka i Kaualehu ma nā pali o ʻIolekaʻa (ma ka ʻaoʻao 60).

The ash rain

The cave of Kaualehu is located in the pali of Heʻeia (see page 52). Kāmehaʻikana, an earth goddess, was said to have lived here. She would gather limu in the sea of Heʻeia and return to Kaualehu along the cliffs of ʻIolekaʻa (see page 60).

Kahekili

Aia ma mua ka heiau 'o Kahekili ma luna o kahi pu'u iki i loko o ka Ha'ikū Omega Naval Station. Koe wale he pōhaku nui a koea ma ka 'ao'ao o ka pu'u. Hūnā 'ia ka pōhaku i ka nahele hau.

The thunder

The Kahekili heiau is located on a small hill in the Ha'ikū Omega Naval Station. Only a large weathered stone about halfway down the hill remains. The stone is hidden by a forest of hau.

Mōkapu

No ke ahupuaʻa ʻo Heʻeia (ma ka ʻaoʻao 52) ka ʻaoʻao komohana o Mōkapu, i kapa ʻia ʻo ka ʻili o Mōkapu. ʻO ka hapanui o ka ʻanemoku no ke ahupuaʻa ʻo Kāneʻohe (ma ka ʻaoʻao 92). Ua māhele ʻia ʻo Mōkapu i ʻeono ʻili: Heleloa (ma ka ʻaoʻao 76), Kūwaʻaʻohe, Ulupaʻu, Halekou (ma ka ʻaoʻao 86), Nuʻupia (ma ka ʻaoʻao 88), a me Kaluapuhi (ma ka ʻaoʻao 90).

Ma muli o ka Māhele o 1848, ua hoʻolilo ʻia nā ʻili ʻo Mōkapu, Heleloa, Ulupaʻu (ma ka ʻaoʻao 78) a ʻo Nuʻupia i mau aliʻi i kuleana ponoʻī no lākou. Ua lilo ʻo Kūwaʻaʻohe, Halekou, a me Kaluapuhi i ʻāina lei aliʻi a ma hope o ka hulihia i 1893, ua lilo ia ʻāina i ke aupuni hou. Na kekahi mau makaʻāinana i koi ʻāina kuleana ma ka ʻanemoku, akā ʻaʻole i ʻāpono ʻia. Ma waena o 1900 ā me 1940, no ka mahi ʻai me ka hānai pipi ua ʻāina nei a i wahi noho kau wela no ka poʻe waiwai.

I 1918, lilo ʻo Kūwaʻaʻohe i Fort Kūwaʻaʻohe, kekahi o nā pāpū koa kahiko ma Oʻahu nei. I 1939, ua pai hou ʻia ʻo Kūwaʻaʻohe a kapa hou ʻia ʻo Fort Hase. A i 1939, ua kūkulu ʻia ʻo Kāneʻohe Naval Air Station mehe wai hoʻolana mokulele kai. Ma hope o ke Kaua Honua II, ua lilo ka ʻanemoku āpau i ka Marine Corps Air Station i 1952.

Sacred island

The west side of Mōkapu peninsula was known as the ʻili of Mōkapu and belonged to the Heʻeia ahupuaʻa (see page 52). The rest of the peninsula was part of the ahupuaʻa of Kāneʻohe (see page 92). Mōkapu was divided into six ʻili: Heleloa (see page 76), Kūwaʻaʻohe, Ulupaʻu, Halekou (see page 86), Nuʻupia (see page 88), and Kaluapuhi (see page 90).

The Māhele of 1848 gave the ʻili of Mōkapu, Heleloa, Ulupaʻu (see page 78), and Nuʻupia to various aliʻi as their private property. Kūwaʻaʻohe, Halekou, and Kaluapuhi became crown lands and later government lands with the overthrow of the monarchy in 1893. Some makaʻāinana claimed small land sections on the peninsula, but none were awarded. Between 1900 and 1940, the land was used for farming and ranching and as sites for summer homes for rich families.

In 1918, Kūwaʻaʻohe became Fort Kūwaʻaʻohe, one of the oldest military bases on Oʻahu. In 1939, Kūwaʻaʻohe was reactivated and became known as Fort Hase. Also in 1939, the Kāneʻohe Naval Air Station was established as a seaplane base. After World War II, military use of Mōkapu was limited, but in 1952 the entire peninsula became the Marine Corps Air Station (Tuggle and Hommon 1986: 31).

Kū'au

'O Kū me Hina nā mākua. Hānau mai 'o Hina he keikikāne a he kaikamahine ma Mōkapu (ma ka 'ao'ao 70). Luhi 'o Hina laua 'o Kū iā Mōkapu a ha'alele lāua no Kona me kā lāua keiki kāne. Waiho lāua i kā lāua kaikamahine, Kū'au, e mālama i ka 'āina 'o Mōkapu. Ua 'ike 'ia mai 'o ia he pōhaku nalohia, 'ō'ili aia aku aia mai i ke kai. Hānau maila 'o ia i mau 'ili'ili i māhuahua i mau pōhaku nui. Penei a Kū'au kia'i iā Mōkapu mai ka 'a'ai 'ana a ke kai.

Handle, stem

The goddess Hina and the god Kū gave birth to a son and a daughter at Mōkapu (see page 70). Hina and Kū grew tired of Mōkapu and departed for Kona with their son. They left their daughter, Kū'au, to care for the land of Mōkapu. She became known as the disappearing stone of Kū'au, appearing from the sea occasionally. She gave birth to pebbles, which later grew into large stones. Thus, Kū'au protected the Mōkapu peninsula from eroding away (Fiddler 1956: 6).

Hina

I kinohi, aia nā pōhaku Hina me Kū ma ka paepae o ka heiau ma Keawenui. A i kekahi wā, ua lawe 'ia aku nā pōhaku a kiloi 'ia ma kahakai. Akā, ua 'imihia a loa'a hou ka pōhaku Hina.

I ka wā a'e nei, he pā ilina ka wahi kokoke i ka paepae o nā pōhaku Kū me Hina. Ma hope mai, lilo ka wahi heiau i paepae no ka hale pule Kakolika.

'O nā pā kinohi o ka heiau 'o ia paha nā pā ā puni o ka hale pule. Mai 'ekolu ā 'elima kapua'i ke ki'eki'e o nā pā a 'ekolu haneli kapua'i ka lōkihi. 'O kēia heiau he heiau ho'oulu 'ai no Kū me Hina.

The name of a goddess; lit., to fall from an upright position

The Hina and Kū stones once rested on foundations on the heiau at Keawenui. At some point, the stones were removed and thrown onto the beach. The Hina stone has since been located.

In historical times, the area near the foundations of the Kū and Hina stones was used as a graveyard. The heiau site was later used as the site for a Catholic Church (Tuggle and Hommon 1986: 45).

The walls surrounding the church, measuring from three to five feet high and three hundred feet long, may have been the original walls of the heiau. This heiau was of the husbandry class, and was dedicated to Kū and Hina.

Heleloa

Aia i loko o ka ʻāina ʻo Heleloa ka lua ʻo Hawaiʻi Loa a me nā puʻe one ma waena o Kūʻau a me Ulupaʻu.

I kēia lā, ma ka ihona ma waena o nā hale luna koa me kekahi kahua kolepa, aia he pā kīpapa me nā pā pōhaku. Aia kulana ʻia ma ka lihi paha o nā ahupuaʻa o Kāneʻohe (ma ka ʻaoʻao 92) a me Heʻeia (ma ka ʻaoʻao 52). No laila, he hōʻailona ahupuaʻa paha ia.

Helu ʻia ka wahi puʻe one o Heleloa i loko o ka National Register of Historic Places. He wahi kanu kino iwi kahiko kēia. He mau haneli a ʻoi mau kino iwi i lawe ʻia akula, akā manaʻo ʻia koe nō he nui wale.

Departed

The land of Heleloa contains the crater of Hawaiʻi Loa and the sand dunes between Kūʻau and Ulupaʻu (Fiddler 1956:7).

Today, on a slope between officers' housing and a golf course is a structure consisting of terraces and walls. It appears to be situated on the boundary line of the ahupuaʻa of Kāneʻohe (see page 92) and Heʻeia (see page 52). Thus, it may be an ahupuaʻa boundary marker (Tuggle and Hommon 1986: 57-58).

The Heleloa dune site is listed in the National Register of Historic Places. The dune site was used as a prehistoric and early historic Hawaiian burial area. Hundreds of burials have been removed from Heleloa, but it is believed that many still remain (Tuggle and Hommon 1986: 69).

Ulupaʻu

Ua pae akula ʻo Pele i Ulupaʻu a pao aʻela ʻo ia i ka lua ma mua o kona hoʻomau huakaʻi i nā moku ʻē aʻe. ʻOhi paʻakai nā ʻōiwi ma kahakai ma lalo o Ulupaʻu. I kēia lā, he kahua hoʻomaʻamaʻa i kī pū a he wahi waiho ʻo Ulupaʻu kō ka United States Marine Corps.

Increasing soot

Pele landed at Ulupaʻu and scooped out a crater before she continued her travels to the other islands. Hawaiian people once gathered salt on the beach below Ulupaʻu. Today, the United States Marine Corps uses Ulupaʻu crater as a firing range and storage facility (Tuggle and Hommon 1986: 55).

Pukaulua

He lapa nihi ʻo Pukaulua ma ka ʻaoʻao pili kai o ka lua Ulupaʻu (ma ka ʻaoʻao 78). ʻO ka wahi kumu lapa ka i kapa ʻia ʻo Kahekili's Leap. He aliʻi ʻālapa ʻo Kahekili a he akamai loa i ka lele kawa, ʻo ia nō ka lele mai ka pali kiʻekiʻe loa.

Ulua opening

Pukaulua is a ridge forming one side of Ulupaʻu crater (see page 78). The area in front of the ridge is known as Kahekili's Leap. The aliʻi Kahekili was a noted sportsman and an expert at lele kawa—diving into the sea from high cliffs.

Mokumanu

Aia 'o Mokumanu ma waho o ka 'anemoku 'o Mōkapu (ma ka 'ao'ao 70), 'ano kokoke i ka lua 'o Ulupa'u (ma ka 'ao'ao 78). Ma ka 'ao'ao kona o Mokumanu he ana nō kahi a Kūhaimoana, he akua manō, i noho ai.

Bird island

Mokumanu is located off the peninsula of Mōkapu (see page 70), near the crater of Ulupa'u (see page 78). On the leeward side of Mokumanu is a cave where Kūhaimoana, a shark god, once lived.

Waikulu

'O Waikulu ka inoa kahiko no ka paepae o Ulupa'u. Pili paha ka inoa i ke ehu kai i puehu 'ia a'e a helele'i iho kē pākī maila nā 'ale o ke kai. I kēia lā, kahi noho ia o kekahi pū'ulu 'ā.

Dripping water

Waikulu was the old name for the Ulupa'u platform. The name perhaps refers to the water that is tossed into the air and rains back down as the surf breaks against the shore. Today, it is the home of a red-footed booby colony.

Halekou

He loko kuapā 'o Halekou. He kanaiwakūmālua 'eka kona nui. He 'umikūmāono haneli kapua'i kona lōkihi a he pā pālua kona me ka loko i'a 'o Nu'upia (ma ka 'ao'ao 88).

House of kou wood

Halekou is a loko kuapā, or fishpond made by building a wall on a reef. It covers ninety-two acres. The wall of the pond is sixteen hundred feet long. Halekou shares a common wall with the fishpond of Nu'upia (see page 88) (Tuggle and Hommon 1986: 64).

Nu'upia

'O Nu'upia, me Halekou (ma ka 'ao'ao 86), he loko kuapā ia. No kona pā puni, he 'umikūmālima haneli kapua'i ka lōkihi, 'ehā kapua'i me ka hapa ka laulā, a 'elima kapua'i ke ki'eki'e (akā, ho'okahi kapua'i me ka hapa wale nō ma luna o ka wai). 'Elua haneli me 'umikūmālima 'eka kō loko a ua ho'opaepae 'ia paha ka pā me 'elua alo a ho'opihapiha o loko. I kēia lā, māhele 'ia 'o Nu'upia i 'ehā 'āpana: 'Ekahi, 'Elua, 'Ekolu, me 'Ehā.

Ua noho 'o Uhumāka'ika'i, ka makua o nā i'a āpau, i loko o Nu'upia. Na Puniakai'a, ke keiki no Mōkapu ka i ho'olaka iā Uhumāka'ika'i, pēlā kāna i kāohi a'e i nā i'a āpau o ke kai. 'O Nu'upia ka inoa o kona makuakāne a 'o Halekou ka inoa o kona makuahine; ali'i lāua no Ko'olau Poko a me Ko'olau Loa mai.

Arrowroot heap

Nu'upia, like Halekou (see page 86), is a loko kuapā, or fishpond built on a reef. The surrounding wall is fifteen hundred feet long, four and a half feet wide, and five feet high (but only a foot and a half above the water). The wall encloses two hundred and fifteen acres and was probably bi-faced and core filled. Today Nu'upia is divided into four sections: 'Ekahi, 'Elua, 'Ekolu, and 'Ehā.

Uhumāka'ika'i, the parent of all fishes, lived in the pond of Nu'upia (Tuggle and Hommon 1986: 64-65). Puniakai'a was the boy from Mōkapu who tamed Uhumāka'ika'i, thereby gaining control over all the fish in the sea. Nu'upia was the name of his father and Halekou was the name of his mother; both were ali'i from Ko'olau Poko and Ko'olau Loa.

Kaluapuhi
Pa'akai

'O ka loko i'a 'o Kaluapuhi ka loko kahiko loa, no loko ona 'o Nu'upia (ma ka 'ao'ao 88) lāua 'o Halekou (ma ka 'ao'ao 86). I kinohi, 'elua kaukani me kanaiwakūmā hiku mau 'eka ka nui, akā na'e i kēia manawa, he iwakāluakūmāhā wale nō 'eka ka nui. Ma 'o ka mākāhā i pili 'ia ai 'o Kaluapuhi me ke awa o Kailua. A pili me Kaluapuhi ka loko i'a 'o Pa'akai, 'o ia ho'i 'o Kapoho. Ma 'ane'i, ua hana 'ia nā pā pa'akai ma nā kapa kai.

'O nā huinahā i loko o kēia ki'i nā pā pa'akai; ma ka 'ao'ao hema aia 'o Kaluapuhi a ma ka 'ākau 'o Pa'akai.

The eel pit
Salt

The Kaluapuhi fishpond was the original pond which encompassed both Nu'upia (see page 88) and Halekou (see page 86). It once covered two thousand and ninety-seven acres, but presently covers only twenty-four acres. Kaluapuhi pond was connected to Kailua Bay by a mākāhā. Adjacent to Kaluapuhi is the pond called Pa'akai, also known as Kapoho. Here, rectangular salt pans were built on the low banks of the land (Tuggle and Hommon 1986: 64).

The rectangular alignments seen in this photograph are the salt pans; Kaluapuhi is on the left and Pa'akai on the right.

Kāne'ohe

'O Kāne'ohe he ahupua'a ku'ono'ono a laupa'i i ka wā kahiko, piha me nā mahina kalo, 'uwala, kō a me nā niu. 'O kona ipu kai ka loko 'o Ka'opulolia, nā nehu o Waihaukalua, nā loko o Palawai a me Nu'upia (ma ka 'ao'ao 88), a me ka moku manu 'o Mokulua.

He 'omaliō a kupaianaha kō Kāne'ohe kahua lo'i kalo a ho'okahi o nā nui a'e o ka pae moku nei. 'O ka nui o nā lo'i kalo he kanahā kapua'i 'ili kō nā li'ili'i a 'elua a i 'ole 'ekolu 'eka ka nui o nā nui a'e. Hiki i ka lo'i kalo he kanahā kapua'i 'ili kona nui kē ho'olako i 'ai na ho'okahi kanaka no ho'okahi makahiki piha.

Aia nā wailele kaulana 'o Hi'ilaniwai, Kahuaiki me Māmalahoa i loko o Kāne'ohe. 'O lākou nā wāhine 'ekolu a Kāne. 'A'ole hiki iā Kāne kē hui me ho'okahi pākahi, no laila hui pū lākou ma ka huina o nā kahawai 'ekolu, i ua kapa 'ia kahi huina 'o Ho'oku'i a nā kēia o nā wai a Kāne. 'A'ohe maopopo loa kāhi o nā wailele 'ekolu. Aia ia mau kahawai kokoke i Pu'u Keahiakahoe wahi a McAllister; a na Handy i kuhi aia kokoke i Pu'u Lanihuli. Ma ke kuahu kokoke i Hi'ilaniwai, na nā kāhuna i hana i ka hui wai. 'O kēia ka ho'ola'a keiki i kekahi akua no kekahi kumu. 'O ka wai kapu o Hi'ilaniwai ka wai ho'oma'ema'e a huikala; lawe pinepine 'ia akula kēia wai i loko o nā ipu wai i ka hale no ka huikala 'ana.

Na Kamehameha I i ho'opa'a iā Kāne'ohe i 'āina nona iho i kona na'i iā O'ahu nei i 1795. Ua ili aku ka hapanui o ke ahupua'a o Kāne'ohe i kāna mau keiki 'o Liholiho a me Kauikeaouli. A ua loa'a mai nā 'āina i ke kuini Kalama, wahine a Kauikeaouli, i kō kāna kāne hā'ule 'ana.

Ho'okahi wehewehe o ke kumu o ka inoa 'o Kāne'ohe, penei: ua ho'ohālike kekahi wahine o ia wahi i kō kāna kāne hana 'ino me ka lipi o ka pahi 'ohe: "He kāne 'ohe - mehe pahi 'ohe 'o ia, hana 'ino a loko 'ino."

Bamboo husband

The ahupua'a of Kāne'ohe was a rich, well-watered, agricultural land, once crowded with plantations of taro, sweet potatoes, sugar cane, and coconut trees. Its fish resources included the pond of Ka'opulolia, the nehu fish of Waihaukalua, the ponds of Palawai and Nu'upia (see page 88), and the bird island of Mokulua.

Kāne'ohe had one of the most complicated taro terrace system's in the islands. The taro patches ranged in size from forty feet square to two or three acres. A forty foot square patch of taro could feed one person for a full year. (Handy and Handy 1972: 455-456).

The famous waterfalls of Hi'ilaniwai, Kahuaiki, and Māmalahoa were found in Kāne'ohe. These were the three wives of Kāne. Kāne could not meet with one alone, so they all met at a junction of the three streams, known as Ho'oku'i a nā kēia o nā wai a Kāne. There are conflicting reports on the location of the three waterfalls. McAllister located the streams near Pu'u Keahiakahoe; Handy situated them near Pu'u Lanihuli. At an altar near Hi'ilaniwai, kahuna conducted the ceremony of hui wai, or union in water. The ceremony dedicated a child to a deity for a specific purpose. The sacred water of Hi'ilaniwai was used for ceremonial cleansing, and was often carried home in gourds for spiritual healing.

Kamehameha I retained Kāne'ohe as his own personal property when he conquered O'ahu in 1795. Most of the ahupua'a of Kāne'ohe was inherited by Kamehameha's sons, Liholiho and Kauikeaouli. Queen Kalama, Kauikeaouli's wife, received the lands when her husband died.

An account of the origin of the name Kāne'ohe states that a woman of the area compared her husband's cruelty to the edge of a bamboo knife: "He kāne 'ohe––he is like a bamboo knife, cruel and heartless."

Keahiakahoe

'O Keahiakahoe ka piko ki'eki'e loa o ke kualapa ma luna o Kea'ahala i loko o ke ahupua'a 'o Kāne'ohe (ma ka 'ao'ao 92). 'O ka inoa o ka piko e pili ia i ka hana ho'ohilahila a kekahi kaikunāne i kekahi. 'Elua kaikunāne me kekahi kaikuahine i kipaku 'ia mai kō lākou hale no ka hakakā mau 'ana. Lilo 'o Kahoe ho'okahi kaikunāne, i mahi'ai ma Kea'ahala. He lawai'a kekahi kaikunāne, 'o Pahu ma He'eia. Noho kō lāua kaikuahine 'o Lo'e ma luna o Mokuolo'e, he moku li'ili'i o ke kai kūono o Kāne'ohe. Kē kipa mai 'o Pahu iā Kahoe, hā'awi mau 'o Kahoe i poi nāna; akā na'e kē kipa aku 'o Kahoe iā Pahu, hā'awi 'o Pahu i po'o maunu koena wale nō. Kē ha'i 'o Lo'e iā Kahoe he lawai'a loa'a nui 'o Pahu, maopopo pono iā Kahoe kō Pahu 'ano pī. 'A'ole hele noi hou 'o Kahoe i 'ai iā Pahu.

I kekahi mau mahina a'e, he pōkole nō ka 'ai i'a. Ho'omo'a ka hapanui o kō uka i ka pō wale nō no ka mea maka'u lākou inā i 'ike 'ia ka uahi i ke ao, e pi'i mai ana kō kai pōloli. 'A'ole pono 'o Kahoe e ho'omo'a i ka pō no ka mea pono ka uahi o kāna ho'omo'a 'ana i ea loloa i ka pali ma mua o ka 'ike 'ia i luna loa o ka piko kuahiwi. I kekahi lā, 'ike 'o Lo'e iā Pahu e hākilo aku ai i uka i kahi a Kahoe e noho ala. Mea aku 'o Lo'e, " 'Eā, 'ānō hiki wale iā 'oe kē kūnānā wale i kā Kahoe ahi [ke ahi a Kahoe]."

'O Pu'u Pahu ka pu'u 'ula'ula e 'au a'e i ke kai kokoke i ka 'āina 'o Kanohulu'iwi. Aia ma laila ka heiau i kapa 'ia 'o Pu'upahu. 'Ānō e kūkulu 'ia ana he kahua lau hale ma luna o Pu'u Pahu.

The fire of Kahoe

Keahiakahoe is the tallest peak on the mountain range above Kea'ahala, in the ahupua'a of Kāne'ohe (see page 92). The name of the peak recalls a shameful deed committed by one brother against another. Two brothers and a sister were turned out of their home for their constant fighting. One brother, Kahoe, became a farmer at Kea'ahala. The other, Pahu, was a fisherman at He'eia. Their sister, Lo'e, lived on Mokuolo'e, an island in Kāne'ohe Bay. When Pahu visited Kahoe, Kahoe always gave him poi; but when Kahoe visited Pahu, Pahu gave him only leftover bait fish. When Lo'e told Kahoe that Pahu was a successful fisherman, Kahoe realized his brother's stinginess. Pahu never went to ask his brother for food again.

A few months later, there was a shortage of fish. Most people from the uplands cooked only at night, for fear that smoke during the day would draw hungry people from the shore. Kahoe did not have to cook at night because the smoke from his cooking fire had to travel far up a cliff before it could be seen above the summit. One day Lo'e found Pahu looking up to where Kahoe lived. Lo'e commented, "So, now all you can do is stand and look at Kahoe's fire [Ke ahi a Kahoe]."

Pu'u Pahu is the red hill jutting into the sea near the land of Kanohulu'iwi. The heiau known as Pu'upahu was located here. A subdivision is presently being built on Pu'u Pahu.

Lanihuli

'O Lanihuli ka piko ki'eki'e ma luna o ka nuku o Nu'uanu. Aia ma ke komohana o Lanihuli 'o Pu'u Nukohe me Pu'u Kahuauli. 'O "Kāwelu holu o Lanihuli" e pili ana i "the swaying grass of Lanihuli," e holuholu ana i ka makani o ka pali. Pua pinepine 'ia ia kāwelu i loko o nā oli me nā mele.

Swirling heavens

Lanihuli is the peak above the Nu'uanu Pali. West of Lanihuli are Pu'u Nukohe and Pu'u Kahuauli. "Kāwelu holu o Lanihuli" refers to "the swaying grass of Lanihuli," rippling in the strong breezes blowing over the pali (Pūku'i 1983:180). This swaying grass is mentioned in many chants and poems.

Ka Nuku

'O Ka Nuku ka inoa kahiko o ka Pali lookout. Hiki kē unuhi 'ia ka inoa me "the great decision," e pili ana i ka wā kaua a Kalanikūpule me Kamehameha I i loko o ke Kaua o Nu'uanu. Iā Kamehameha i lawe mai i kona pū'ulu kaua e ho'ouka kaua i O'ahu nei i 1795, ho'onoho papa 'o Kalanikūpule i kona pū'ulu kaua i Nu'uanu. Pae a'ela 'o Kamehameha me kona pū'ulu kaua ma ke kapa kai hema o O'ahu, ma waena o Waikīkī a me Wai'alae. Ua hiki iā lāua kē kaua ma kō Kalanikūpule wahi ma Waikīkī, akā koho 'o Kalanikūpule iā Nu'uanu. Ua lanakila 'o Kamehameha a ua lilo O'ahu i kō Kamehameha noho aupuni, nona nā mokupuni 'o Hawai'i, Maui, Lāna'i a me Moloka'i.

'O ke ka'awale pōkole loa ma waena o Honolulu me ke Ko'olau, aia nō ma 'o Ka Nuku. He wahi ho'omaha ma ke alanui kahiko ke ki'owai o Kawaikilokohe. Aia 'elua wahi pana o nā kama hele. Ho'okahi he pōhaku nui i kapa 'ia Kaipuolono, aia i luna o ke ki'owai 'o Kawaikilokohe. Ma 'ane'i, hāiki ke ala hele a he ho'omaka'u ka pakika, pahe'e a hā'ule i ka make. Loa'a 'elua pōhaku 'oko'a, 'o Hāpu'u me Kalanihauola, aia nō lāua ma ke kumu o ke ala hele a aia iā lāua ka mana e ho'opakele i nā kama hele e hele ana ma 'o ka nuku. He nui nā kama hele i kau ho'okupu ai ma luna o ia pōhaku.

Aia ka ulu pūhala o Kekele ma ke kumu pali o Nu'uanu. Kaulana ia ulu i ke 'a'ala hala. Ua 'oki 'ia nā kumu pū hala, na'e ho'olā'au kekahi hiki iā lākou kē hanu i ka māpu o ka hala i ka pō. Pinepine ka puana o nā hala o Kekele i loko o nā mele me nā oli no Ko'olau Poko.

The mountain pass

Ka Nuku is the original name of the Pali lookout. The name can also be translated as the great decision, referring to the time when Kalanikūpule and Kamehameha I fought at the Battle of Nu'uanu. When Kamehameha brought his forces to invade O'ahu in 1795, Kalanikūpule positioned his men at Nu'uanu. Kamehameha and his army landed on the south shore of O'ahu, between Waikīkī and Wai'alae. They could have fought at Kalanikūpule's home in Waikīkī, but Kalanikūpule chose Nu'uanu. Kamehameha defeated Kalanikūpule's forces and added O'ahu to his domain, which already included the islands of Hawai'i, Maui, Lāna'i, and Moloka'i.

The shortest way between Honolulu and Windward O'ahu is through Ka Nuku. The pool of Kawaikilokohe was a resting spot on the old road. Two other sites were important to travelers. One was a large pōhaku (stone) called Kaipuolono, located above the Kawaikilokohe pond. Here, the trail narrowed and a person was in danger of slipping and falling to his death. Two other pōhaku, known as Hāpu'u and Kalanihauola, were located at the bottom of the road and had the power of granting safe passage over the pali. Many travelers left offerings on these pōhaku.

The hala grove of Kekele was found at the foot of the Nu'uanu Pali. The grove was famous for its fragrant hala. The hala trees have been cut down, but some people claim they can still smell the fragrance of hala in the breeze at night. The hala of Kekele was often mentioned in songs and chants about Ko'olau Poko.

Kōnāhuanui

He 'ekolu kaukani ho'okahi haneli me kanalima kapua'i ke ki'eki'e o Kōnāhuanui, ka piko ki'eki'e loa o nā Ko'olau. E pili ana ka inoa i ka huahua o ka pilikua nāna i ho'olei i kona huahua i ka wahine e mahuka ana mai iā ia.

Ua 'ōlelo 'ia 'o Kōnāhuanui ke kaupoku, a i 'ole ka puka ki'eki'e, o ke ana kaulana 'o Pohukaina, he ana ihona ma loko o ke kuahiwi Ko'olau ā puka aku i Kahuku. He ana kēia no ka hūnā iwi ali'i. 'O ka puka ma ka 'ao'ao Kahuku o ke ana i kapa 'ia 'o Kahipa a me Nāwaiū'ōlewa.

His large fruit

Kōnāhuanui, the tallest peak on the Ko'olau range, rises three thousand one hundred and fifty feet. Its name refers to the testicles of a giant, who threw them at a woman fleeing from him (Pūku'i, Elbert, Mo'okini 1974: 117).

Kōnāhuanui is said to form the roof, or high end, of the famous cave of Pohukaina that sloped down the mountain, through the Ko'olau range, to an opening in Kahuku. The cave was used as a burial site for ali'i. The entrance at the Kahuku end of the cave was known as Kahipa and Nāwaiū'ōlewa (Kamakau 1964: 38-39).

Puʻuwāniʻaniʻa

Aia ka heiau ʻo Puʻuwāniʻaniʻa kanalima kapuaʻi ma lalo o ke alanui Pali. A aia i loko laila ʻelua pōhaku nui ʻaʻai ʻia a he pā haʻahaʻa ā puni. He lele paha ia mau pōhaku no ka mōhai ʻana i nā akua. He hoʻoulu ʻai paha ia wahi. He mau pōhaku pālahalaha a he kīpapa mālualua kō lalo o ka lāʻau manakō ma luna o ka heiau. Loaʻa he mau pōhaku ʻaʻai ʻia ʻano ʻē ma luna o ka lapa o Puʻuwāniʻaniʻa. I kēia lā, uhi ʻia ka hapanui o ia wahi i ka nahele waiawī.

Hill of maligning talk

Puʻuwāniʻaniʻa heiau lies fifty feet below the present Pali Highway. Two large eroded stones are surrounded by a low wall. These stones were probably used as a lele for food offerings to the gods. Puʻuwāniʻaniʻa seems to have been an agricultural heiau. Under a mango tree above the heiau are stone slabs and rough paving. Unusual eroded stones are found on the ridge of Puʻuwāniʻaniʻa. Today large waiwī trees cover most of the site.

Kaluaolomana

'O ka heiau 'o Kaluaolomana he pā ma luna o ka lapa o Pu'uwāni'ani'a (ma ka 'ao'ao 102).

The pit of Olomana

The heiau of Kaluaolomana is a walled structure located on the ridge of Pu'uwāni'ani'a (see page 102).

Hoʻoleinaʻiwa

Loaʻa iwakālua a ʻoi mau pōhaku paʻa nui ma ia wahi ma luna o ka puʻu he ʻelima haneli me iwakālua kapuaʻi ke kiʻekiʻe ma loko o ka ʻili ʻo Hoʻoleinaʻiwa. He nui nā pōhaku ʻaʻai nui ʻia ā ʻano ʻē. Like neia mau pōhaku me nā pōhaku hānau o Kūkaniloko. ʻAʻohe palapala e wehewehe mai i kēia wahi kahiko. Ua hoʻoneʻe ʻia kahi kuʻi kinipōpō kolepa o ke kahua kolepa a Minami i mālama i neia wahi. Ulupō nā pūhala o Hoʻoleinaʻiwa.

Place where frigate birds leap

This site, consisting of over twenty large basalt boulders, was found on a hill rising five hundred and twenty feet in the ʻili of Hoʻoleinaʻiwa. Many of the boulders were heavily weathered into unusual shapes. The stones appear similar to the birthing stones of Kūkaniloko. There was no written documentation on this culturally significant site. The tee-off area for the newly built Minami golf course was moved to preserve this site. Hala trees grow abundantly in Hoʻoleinaʻiwa.

Luluku

Aia i loko o ka māhele ʻāina ʻo Luluku, loaʻa nā pā, nā kīpapa me nā loʻi kahiko he nui, me kekahi kaiāulu kāhiko loa o uka nei a ʻo ia wahi ākea ka papa loʻi kāhelahela kahiko loa o Oʻahu nei. Ua hoʻopaʻa ʻia ke kūlana makahiki o ia mau loʻi ma kāhi o ka makahiki 500 A.D.

Ua luku ʻia nō hoʻi nā kīpapa loʻi o lalo i 1991 no ke kūkulu ʻana i ke alanui kūikawā e hui aku me ke alanui H-3. ʻO ke kino o ia papa loʻi e hoʻopuni ʻia ana e nā ala piʻina a ihona o ke alanui. Aia kokoke ka heiau ʻo Kukuiokāne (ma ka ʻaoʻao 110).

Utter destruction

Within the land division of Luluku there are many significant archaeological sites, including a prehistoric inland settlement and the most extensive early wetland agricultural complex on Oʻahu. The irrigated terraces have been carbon dated at A.D. 500 (Allen 1987:88).

The lower agriculture terraces of the complex were destroyed in 1991 for the construction of a temporary access road to the H-3 freeway. A main portion of the agricultural complex will be encircled by the freeway's on and off ramps. The heiau of Kukuiokāne (see page 110) is located nearby.

Kukuiokāne

I 1933, 'o kō McAllister hilina'i ia ua luku 'ia ka heiau 'o Kukuiokāne e ka hui Libby, McNeil & Libby no ke kanu hala kahiki 'ana ma ia wahi. I 1989, ua loa'a hou 'o Kukuiokāne i ke kūkulu 'ana a'e i ke alanui H-3. 'O ka heiau ho'oulu 'ai nui loa 'o Kukuiokāne ma Kāne'ohe (ma ka 'ao'ao 92) nei. No Kāne ia heiau. Ua hilina'i 'ia he pilina kō ka punawai 'o Kumukumu me Kukuiokāne. Hiki kē lohe 'ia nā pahu heiau i nā pō Kāne.

Ho'okahi haneli kanaiwa mika ka lōkihi o Kukuiokāne a he mau kīpapa o loko. "Hele nō ā mau haneli kapua'i nā pā kīpapa a he mau pā huina kūpono, ke 'ano ho'i o nā heiau nui."

Ho'omāhele 'ia ia wahi e nā mea 'ike hana lima o ke au i hala i 'ekolu kūlana: G5-86, G5-110, a me G5-106. 'O G5-86 he papa kīpapa mahi 'ai nō ia. Kanalima kapua'i ma luna o G5-86, aia 'o G5-106, 'o ka heiau Kukuiokāne ia. Ma waena o ia kūlana 'elua, aia 'o G5-110, he pā palena 'ili paha ia.

I loko o ka manawa o ka 'eli 'ana i Iulai 1990, ua loa'a nā iwi ma ke kīpapa o G5-86. Mai kēlā manawa mai, ua uhi 'ia ā pa'a 'o G5-86 ma lalo o nā papa 'ili'ili makali'i. Ua māka 'ia nā hi'ohi'ona ko'iko'i me nā mōlina kila, a laila uhi 'ia me ka lepo a ho'ounu 'ia no ke alanui H-3.

Light of Kāne

In 1933, McAllister claimed the heiau of Kukuiokāne was destroyed by the Libby, McNeil & Libby Company so it could plant pineapple in the area. In 1989, the location of Kukuiokāne was rediscovered with the construction of the H-3 freeway. Kukuiokāne, dedicated to Kāne, was the largest agricultural heiau in Kāne'ohe (see page 92). The spring of Kumukumu was said to be associated with Kukuiokāne. Pahu drums can be heard at Kumukumu on the nights of Kāne.

Kukuiokāne was one hundred and ninety meters long and contained several terraces. "The terrace walls travel for hundreds of feet and crosswalls are at right angles, typical of a large heiau" (Neller 1989).

Archaeologists have divided the area into three sites: G5-86, G5-110, and G5-106. G5-86 has been identified as a dryland agriculture terrace system. Fifty yards above G5-86 is G5-106, designated as the Kukuiokāne heiau. Between these two sites is G5-110, which appears to be an 'ili boundary wall.

During excavation in July 1990, bones were found in a terrace of G5-86. G5-86 has since been buried under layers of fine gravel. Its significant features have been marked with steel wheel rims, then covered with dirt and paved over for the H-3 highway (Allen 1987: 94-96).

Kāwaʻewaʻe

Aia ka heiau ʻo Kāwaʻewaʻe ma luna o ka lapa ma waena o Kāneʻohe (ma ka ʻaoʻao 92) a me Kailua (ma ka ʻaoʻao 118). Nā ʻOlopana i kauoha i ke kūkulu ʻana i ʻelima heiau: Kāwaʻewaʻe, Ahukini, Pahukini (ma ka ʻaoʻao 130), Holomakani, a me Puʻumakani. Na Kahikiʻula, kaikaina o ʻOlopana, i kūkulu i ka heiau ʻo Kāwaʻewaʻe i loko o ke kenekulia ʻumikūmālua. Ua hoʻolālā ʻo ʻOlopana e mōhai aku iā Kamapuaʻa ma Kāwaʻewaʻe, naʻe hoʻomake aku Kamapuaʻa iā ʻOlopana. ʻO Lonoaohi ke kahuna nui o Kāwaʻewaʻe.

Hoʻokahi haneli iwakālua kapuaʻi ka lōkihi o hoʻokahi ʻaoʻao a ʻelua haneli kanalimakūmākolu kapuaʻi kō kekahi ʻaoʻao lōkihi o ia pā. Ua loaʻa he kīpapa iki ma ka ʻaoʻao ʻakau. ʻEhā ā ʻehiku kapuaʻi ke kiʻekiʻe a ʻelima kapuaʻi ka laulā o nā pā pōhaku. I kekahi manawa, hoʻohana ʻia ka heiau mehe pā pipi.

Coral or stone used to rub off pig bristles

The heiau of Kāwaʻewaʻe is found on the ridge dividing Kāneʻohe (see page 92) and Kailua (see page 118). ʻOlopana ordered the building of five heiau: Kāwaʻewaʻe, Ahukini, Pahukini (see page 130), Holomakani, and Puʻumakani. Kāwaʻewaʻe was built by ʻOlopana's brother, Kahikiʻula, in the twelfth century. ʻOlopana plotted to sacrifice Kamapuaʻa, the pig demigod, at Kāwaʻewaʻe, but instead Kamapuaʻa killed ʻOlopana. The high priest of Kāwaʻewaʻe was Lonoaohi.

The walled enclosure measures one hundred and twenty feet by two hundred and fifty-three feet. A small terrace was found on the north side. The walls were four to seven feet high and five feet wide. At one time the heiau was used as a cattle pen.

Kanohuluʻiwi

Aia ka loko iʻa ʻo Kanohuluʻiwi i loko o ka māhele ʻāina i kapa ʻia ʻo Kanohuluʻiwi. Kūkulu ʻia ʻano kapakahi ka pā puni pōhaku paʻa a ʻelua ʻeka me ka hapa ka nui o loko. I kēia lā, hana mau ʻia ka loko iʻa a kapu ia na ka ʻona hou. Pipili iā Kanohuluʻiwi aia nō ka loko iʻa ʻo Waikapoki. ʻEhiku ʻeka kona nui a ua luku ʻia i nā makahiki o 1950 i ke kūkulu wahi hoʻolulu moku peʻa.

ʻIʻiwi bird feathers

Kanohuluʻiwi fishpond is in the land division called Kanohuluʻiwi. The walls of the pond are roughly constructed of basalt stones and enclose an area of two and a half acres. Today, the fishpond is privately owned and still in use. Adjacent to Kanohuluʻiwi was Waikapoki fishpond, which covered an area of seven acres until it was destroyed in the 1950s to build a marina (Devaney et al. 1982: 146-152).

Waikalua

Pipili ka loko iʻa ʻo Waikalua i ka māhele ʻāina ʻo Waikalua. Hoʻokahi kaukani ʻehā haneli a iwakālua kapuaʻi ka lōkihi o ka pā loko iʻa, a ʻumikūmākahi ʻeka kona nui. Ua kūkulu hou ʻia ka loko iʻa i nā makahiki mua o nā 1930.

Ua ʻōlelo ʻia, ua pae maila ke kaulua o Laʻamaikahiki ma Waikalua (ma ka ʻaoʻao 36 a me 38). Na kekahi kanaka ʻo Haʻikamālama ka i heahea aku iā Laʻa. ʻO kō Laʻa mau hoa hele ʻo Kaikaikūpolō, kona kahuna; ʻo Kūkeaomihamiha, kona kilo; ʻo Luhaukapawa, kona kuhikuhi puʻuone; ʻo Kupa, kona hoʻoheihei pahu; ʻo Māʻulamaihea, kona kāula; a me kanahā mea hoe. Ua lawe mai ʻo Laʻa i ka pahu hula a me ka hula i Hawaiʻi nei. Ua ʻapo mai ʻo Haʻikamālama i ka pana me ka mele o ka pahu i ka hoʻolono aku i ka hoʻoheihei pahu mai kō Laʻa kaulua ma ka huakaʻi holo i Koʻolau, Oʻahu. Ma hope o ka pae kaulua ʻana mai ma Waikalua, ua hoʻomaʻalea Haʻikamālama iā Laʻa e ʻae mai i ka pahu i limalima a hoʻopaʻi ā paʻi.

Ua waiho ʻo Laʻa i ke one i wahi paena no kona kaulua. A kapa ʻia ia wahi Nāonealaʻa.

Water of the pit

Waikalua fishpond is adjacent to the land of Waikalua. The wall of the pond is one thousand four hundred and twenty feet long and enclosed eleven acres. The pond was rebuilt in the early 1930s (Devaney et al. 1982: 147).

It is said that the canoe carrying Laʻa from Kahiki landed at Waikalua (see pages 36 and 38). A man named Haʻikamālama greeted Laʻa, who was traveling with Kaikaikūpolō, his kahuna (priest); Kūkeaomihamiha, his kilo (astronomer); Luhaukapawa, his kuhikuhi puʻuone (diviner); Kupa, his hoʻoheihei pahu (drummer); Māʻulamaihea, his kāula (prophet); and forty paddlers. It is said that Laʻa introduced the pahu drum and hula to Hawaiʻi. Haʻikamālama learned the beat and chant of the pahu after listening to it played as Laʻa's canoe traveled along the windward coast of Oʻahu. After the canoe landed at Waikalua, Haʻikamālama tricked Laʻa into letting him handle the drum so he could copy it.

Laʻa threw sand down as a resting place for his canoe. This area is known as Nāonealaʻa, the sands of Laʻa (Kamakau 1991: 109).

Kailua

No ke ahupua'a 'o Kailua ho'okahi o nā kāhelahela papa lo'i nui loa o O'ahu nei, mai Kawainui (ma ka 'ao'ao 124) ka lō'ihi ā i uka, ho'okahi mile me ka hapa ā hiki i uka i Ulumawao. Ua loa'a pū kekahi mau lo'i kokoke i Ka'elepulu me Kawainui.

Kaulana ho'i 'o Kailua i kona kai lawai'a; ahi ma Hāo'o, kahala ma Po'o, a me awa me 'ama'ama ma Kawainui, Ka'elepulu (ma ka 'ao'ao 126) a i Waikahulu. I ke au kahiko, he pu'uhonua nō 'o Kailua.

Ma loko o ka mo'olelo no Pele a me Hi'iaka, ua ha'i 'ia nō ke ahupua'a 'o Kailua. I kō Hi'iaka huaka'i hele me kona hoa hele, 'o Wahine'ōma'o, ma 'o Kailua, ua mahalo mai kekahi wahine i ka nani o Hi'iaka. Ho'ohālike 'o ia i kō Hi'iaka u'i me kō ka wana'ao a ha'i aku i kāna kaikamahine u'i, iā 'Āpuakea Nui, "He keu ā ka u'i o nā wāhine e ne'e mai ana; akā, ho'okahi ka u'i aku. Like loa kou u'i i kona." Ua lohe 'o Hi'iaka i kēia a ua oli aku:

> E 'Āpuakea Nui, wahine u'i,
> Ua ho'ohālike 'ia kou u'i
> U'i 'oe, u'i nō.

'O ka wahine u'i loa o Kailua 'o 'Āpuakea, akā na'e 'a'ole 'oi aku kona u'i i kō Hi'iaka. Ua kapa 'ia nona ka ua kaulana o Kailua 'o 'Āpuakea.

Two seas; two currents

The ahupua'a of Kailua had one of the most extensive continuous taro terraces on O'ahu, extending from Kawainui (see page 124) a mile and a half back to Ulumawao. Terraces were also found near the Ka'elepulu and Kawainui ponds (Handy and Handy 1972: 457).

Kailua was noted for its famous fishing grounds: ahi at Hāo'o, kahala at Po'o, and awa and 'ama'ama at Kawainui, Ka'elepulu (see page 126), and Waikahulu. In ancient times, Kailua was also a pu'uhonua.

The ahupua'a is mentioned in the tradition of Pele and Hi'iaka. As Hi'iaka and her companion, Wahine'ōma'o, journeyed through Kailua, a woman admired the beauty of Hi'iaka. She compared Hi'iaka's beauty to the early morning light and told her attractive daughter, 'Āpuakea Nui, "What beautiful women are coming this way; but one is more beautiful. Your beauty is very much like hers." Hi'iaka heard the conversation and chanted:

> O 'Āpuakea Nui, beautiful woman,
> Your beauty has been compared [to mine],
> You are beautiful, beautiful indeed.

'Āpuakea was the most beautiful woman in Kailua, but her beauty did not surpass Hi'iaka's. The famous 'Āpuakea rain of Kailua was named after her.

Kapoho

Ua kaulana ka 'āina 'o Kapoho i kona papa pa'akai. Ua hō'iliwai 'ia kahi kapa kai, a hana 'ia nā kāheka-heka, komo 'ia ke kai ā i malo'o, loa'a ka pa'akai.

Hiki kē 'ike 'ia ka moku 'o Mōkōlea o hope.

The depression

The land of Kapoho was known for its salt works. A shore area was leveled, then made into shallow rectangular plots where sea water was left to evaporate, leaving salt behind.

The island of Mōkōlea can be seen in the distance.

Oneawa

Ua haʻi ʻia ke kahaone ʻo Oneawa i loko o ka moʻolelo nō ʻo Mākālei, he lālā lāʻau nō ia kaulana i ka ʻume iʻa. He hānau paʻakikī kā Muleiʻula, kaikamahine a ʻOlopana. ʻImi kōkua akula ʻo ʻOlopana iā Haumea. Hoʻohiki aku ʻo ia penei, inā e hoʻopakele ʻo Haumea iā lāua, ka makuahine me ke keiki hou, e hāʻawi ʻia ana ka lāʻau i kapa ʻia Kalauokekāhuli nona. A kapa ʻia nā pua o ka lāʻau, ʻo Kanikawī a ʻo Kanikawā.

Ua hoʻopakele Haumea iā Muleiʻula me kāna kaikamahine a ua loaʻa ka lāʻau iā ia. A lawe akula ʻo ia i ka lāʻau me ia ā i Waiheʻe, Maui, a kau akula ma Puʻukama. Kē ʻo ia hele e hoʻoneʻeneʻe i ka lāʻau, ua hoʻoʻā ʻē ʻo Kalauokekāhuli. Lawe ʻo Haumea i nā pua ʻo Kanikawī me Kanikawā a haʻalele akula no Nuʻumehalani, he ʻāina pana.

Na ʻAʻaʻalāʻau no Nākoholā mai i kua i ka lāʻau. I kēlā pō, ua hoʻomaka ka ʻino a he iwakālua mau lā ka lōkihi. Ua lilo ka lāʻau i ka moana. Hoʻokahi lālā, ʻo Kahakaiki, ua lilo i haka ipu. No kekahi lālā, ʻo Keoloʻewa, ua lilo i haka wale. Ua pae aku kekahi lālā aʻe ma ke kahaone ʻo Oneawa i Kailua. Ukali nā iʻa i ia lālā a no ia mea ua kaulana ʻo Oneawa he wahi neneʻe mai nā iʻa kū kokoke i kahakai. A kē lana ka lālā, ʻo Mākālei i uka ā i Kawainui (ma ka ʻaoʻao 124), ukali hou nā iʻa i ia lāʻau i uka.

ʻO Puʻu Pāpaʻa ka piko puʻu ma luna o ka waena o kēia kiʻi.

Milkfish sand

The beach of Oneawa is mentioned in the tradition of Mākālei, a tree branch famous for attracting fish. Muleiʻula, the daughter of ʻOlopana, was having a difficult birth. ʻOlopana sought the help of Haumea. He promised that if Haumea saved both mother and child, she would be given the tree called Kalauokekāhuli. The flowers of the tree were named Kanikawī and Kanikawā.

Haumea saved Muleiʻula and her daughter, and was given the tree. She brought it with her to Waiheʻe, Maui, and placed it at Puʻukama. When she went to move the tree, Kalauokekāhuli had already rooted. Haumea took the flowers Kanikawī and Kanikawā and left for Nuʻumehalani, a mythic land.

ʻAʻaʻalāʻau from Nākoholā chopped the tree down. That night a storm began and lasted for twenty days. The tree was washed into the ocean. One branch, called Kahakaiki, became a rack for netted calabashes. Another branch, called Keoloʻewa, became a shelf. Another branch landed on the beach of Oneawa in Kailua. Fish followed the branch, and Oneawa became famous as an area where schools of fish came in to shore. When this branch, called Mākālei, floated inland to Kawainui (see page 124), the fish also followed it there (Kamakau 1991: 7-8).

The mountain peak at the top right of the photograph is known as Puʻu Pāpaʻa.

Kawainui

Ma loko o kekahi moʻolelo, ua haʻi ʻia ka lokowai nui, ʻo Kawainui, e pili ana i ʻelua kumu lāʻau, ʻo Mākālei ka inoa. Ulu ʻo Mākālei ma Paliuli, i Hilo, a nona ka mana e ʻumeʻume iʻa. Hoʻokahi lāʻau he kāne a kekahi he wahine. Ua lawe ʻia mai ka lāʻau wahine mai Hilo ā hiki i Kawainui i loko o ka māhele ʻāina ʻo Waiʻauia, aia ma loko o Kailua (ma ka ʻaoʻao 118).

Kaulana pū ʻo Kawainui i ka ʻoʻopu kui. Na ka poʻe o laila i miliʻopu i ia ʻano iʻa i ka hehihehi lepo ʻūkele. Na ka ʻoʻopu i huhui a piolo poʻo i nā wāwae o kekahi kānaka, ʻoiai kekahi i pā ʻole ʻia. No lākou i pā ʻia ai ka ʻili, ua ʻōlelo ʻia, "he ʻili ona ia."

No ka lepo ʻai ʻia, loaʻa nō ma Kawainui wale nō. Ua lawe ʻia maila ia lepo mai Kahiki e Kauluakalana, he aliʻi o Kailua. He kapu koʻikoʻi kō ka hoʻiliʻili lepo ʻai ʻia. Kē luʻu iho kekahi i loaʻa, ua pāpā ʻia ka puana ʻōlelo. A inā ua puana ʻia he ʻōlelo, ua poʻipoʻi ʻia ka mea luʻu e ka lepo ʻūkele a make ʻo ia.

I kō lāua huakaʻi ma ʻo Kailua, ʻike aku ʻo Hiʻiaka me Wahineʻōmaʻo i nā kiaʻi moʻo ʻelua o Kawainui me Kaʻelepulu (ma ka ʻaoʻao 126). Ua ʻike Wahineʻōmaʻo i ʻelua wāhine e noho wale ala ma kaʻe o Kawainui. Wehewehe aku ʻo Hiʻiaka, "ʻAʻole lāua he wāhine maoli, he moʻo lāua." ʻAʻole hilinaʻi ʻo Wahineʻōmaʻo iā Hiʻiaka. Mea akula ʻo Hiʻiaka, "E oli aku au; inā wāhine maoli, e noho wale ana nō lāua, akā inā moʻo, e nalowale ana." Oli aku ʻo Hiʻiaka.

Ua nalowale nā wāhine moʻo. No ka ulu pūhala kokoke i Kaʻelepulu hoʻokahi o nā wāhine moʻo a ʻo kekahi ʻo Hauwahine, ʻo ia ke kiaʻi o Kawainui. Inā aia nō ʻo ia ma Kawainui, lenalena ka ʻakaʻakai, ka hala a me ka ʻuki.

Pūehuehu Kailua i ka Malanai
Hoʻopālaha ʻia nā lau o ka ʻuki
Puoho ʻoe mehe mea la na ka leo o ka manu
Kuhi ʻoe maoli lāua
Akā ʻaʻole pēlā
ʻO kēlā ʻo Hauwahine me kona hoa
Nā wāhine kupua o Kailua i ka laʻi.

The great waters

The large inland pond of Kawainui is referred to in a legend concerning two trees called Mākālei, which grew in Paliuli, Hilo, and had the power to attract fish. One tree was male and one was female. The female tree was carried from Hilo to the pond of Kawainui, in the land section of Kailua (see page 118) known as Waiʻauia.

Kawainui was also known for the ʻoʻopu kui, a type of fish the people of the area would catch by stirring up the mud. The ʻoʻopu clustered around and rubbed their heads against the legs of certain individuals, while other individuals remained untouched. Those to whom the ʻoʻopu were attracted were said to have "he ʻili ona ia" — "attractive skin."

Lepo ʻai ʻia, or edible dirt, was found only in Kawainui. This dirt was brought from Kahiki by Kauluakalana, a Kailua chief. A strict kapu was enforced in the collection of lepo ʻai ʻia. When a person dived down to get it, no one was allowed to speak. If a word was spoken, ordinary mud smothered the diver and he was killed.

On their journey through Kailua, Hiʻiaka and Wahineʻōmaʻo sighted the moʻo guardians of Kawainui and Kaʻelepulu (see page 126). Wahineʻōmaʻo saw two women sitting on the banks of Kawainui. Hiʻiaka explained, "Those are not women, but moʻo." Wahineʻōmaʻo did not believe Hiʻiaka. Hiʻiaka said, "I will chant; if they are human, they will stay, but if they are moʻo, they will vanish." Hiʻiaka chanted.

The moʻo women disappeared. One of the moʻo women belonged to the hala grove near Kaʻelepulu and the other was Hauwahine, the guardian of Kawainui. If she is present in Kawainui, the ʻakaʻakai (bulrushes), hala (pandanus trees), and ʻuki (sedges) turn yellow.

Hiʻiaka's chant:

Kailua is like hair tousled by the Malanai wind,
The leaves of the ʻuki are flattened down
You are startled, as though by the voice of a bird.
You think they are human
But they are not.
That is Hauwahine and her companion,
The supernatural women of peaceful Kailua.

Ka'elepulu

'O Ka'elepulu he loko i'a wai ia. 'Elua haneli me kanawalu mau 'eka kona nui. Ua piha ka loko i'a i ke awa, āholehole, 'o'opu, 'ama'ama, a me limu kala. Ulu ka 'aka'akai ā puni ka loko. Mai Ka'elepulu, holo 'o 'Ulanui, ka mea holo kaulana, ma 'o Wai'alua, ā hiki aku i Waikīkī, i'a ola pa'a i ka lima. No ke keu o kona holo wikiwiki 'ana, ola mau ka i'a i ka hiki aku i laila.

The moist darkness

Ka'elepulu was a freshwater fishpond covering two hundred and eighty acres. The fishpond was full of awa, āholehole, 'o'opu, 'ama'ama, and limu kala. 'Aka'akai grew around the edge of the pond. From Ka'elepulu, the famous runner called 'Ulanui carried live fish by way of Wai'alua to Waikīkī. He ran so fast, the fish were still alive when he arrived.

Olomana

Pāku'i

Ahiki

'Ekolu piko kuahiwi 'o Olomana, Pāku'i a me Ahiki e pili i ke ka'ao no Olomana, he koa kaulana. Kapu no Olomana ka 'āina mai iā Kualoa (ma ka 'ao'ao 2) ā hiki loa i Makapu'u (ma ka 'ao'ao 162). He kanakolukūmāono kapua'i kona ki'eki'e, a maka'u 'ia 'o ia e ka mano, a 'o 'Āhuapau, ali'i nui o O'ahu, kekahi. No laila, kauoha akula 'Āhuapau i kāna koa, iā Palila, e kū iā Olomana. No ka heiau 'o 'Ālanapō mai 'o Palila. Aia a kū aku 'o Palila iā Olomana, lele a'ela 'o ia i luna o kō Olomana po'ohiwi me kona lā'au pālau, 'o Huliamahi.

Nīnau aku 'o Olomana, "No hea mai 'oe? 'A'ohe mea e 'a'a mai e lele i luna o'u po'ohiwi."

Pane akula Palila, "No 'Ālanapō mai au."

Ua maopopo iā Olomana he mana kō kō 'Ālanapō, no laila noi ha'aha'a o ia no ke ola. Hō'ole 'o Palila a wāhi iho iā ia. Lele a'e ka hapalua o luna a kau aku ma kapa kai, ma kahi i kapa 'ia 'o Mahinui. Ua koe wale ka hapalua o lalo ma kahi hakakā, a lilo i ka piko kuahiwi 'o Olomana.

'O Ahiki ka inoa o ka piko 'oi iki a'e, a kapa 'ia 'o ia no kō Olomana konohiki punahele. 'O Pāku'i ka piko o waena a kapa 'ia no ke kahu mālama o nā loko i'a 'o Kawainui (ma ka 'ao'ao 124) a me Ka'elepulu (ma ka 'ao'ao 126).

Divided hill

Attached

To reach a place

Olomana, Pāku'i, and Ahiki are three peaks associated with a legendary warrior named Olomana. The land from Kualoa (see page 2) to Makapu'u (see page 162) was sacred to Olomana. He was thirty-six feet tall, and feared by many, including 'Āhuapau, king of O'ahu. 'Āhuapau ordered his warrior, Palila, to confront Olomana. Palila was from the temple of 'Ālanapō. When Palila met Olomana, he jumped on Olomana's shoulders with his war club, Huliamahi.

Olomana asked, "Where are you from? No one dares to climb upon my shoulders."

Palila replied, "I'm from 'Ālanapō."

Olomana knew the people from 'Ālanapō had supernatural powers, so he begged to be spared. Palila refused and sliced him in half. The top half flew off and landed near the sea at a place called Mahinui. The bottom half remained at the site of the fight and became the peak of Olomana.

The least pointed of the three peaks is called Ahiki, after Olomana's favorite konohiki, or overseer. Pāku'i is the middle peak, named after the caretaker of the fishponds of Kawainui (see page 124) and Ka'elepulu (see page 126).

Pahukini

Aia ka heiau 'o Pahukini ma ka māhele 'āina 'o Ka'ōhi'a, 'ane'ane i ke Kapa'a Dump. 'O Pahukini ho'okahi ia o nā heiau 'elima i kūkulu 'ia e ke ali'i nui 'o 'Olopana. Ho'okahi haneli me 'umi kapua'i ka laulā a ho'okahi haneli me kanahikukūmālima kapua'i ka lōkihi o nā pā pōhaku. Aia ma ka 'ao'ao 'ākau he pā pipili ana a he kanakolukūmālua kapua'i ka laulā a kanakolukūmāwalu kapua'i ka loa. Ma ke kihi komohana hema, ua loa'a 'ē he 'īpuka 'elima kapua'i ke ākea. 'O ke 'ano o ia heiau e like me kō nā po'okanaka (kahi i mōhai 'ia nā kānaka). Loa'a pū he kaulu kō ka laulā holo'oko'a o ka heiau a ua like ia ā like me ke kaulu laulā o ka heiau Pu'u O Mahuka i Pūpūkea. He pōhaku mōhai kanaka nō ma luna o kahi kaulu ma luna o Pahukini i ka wā ma mua. He pōhaku pālaha me nā naonao o luna.

'Ane'ane i Pahukini aia ka heiau 'o Holomakani i kūkulu pū 'ia e 'Olopana. Ua loa'a ma mua he lua ko'i ma ka 'ākau o ka heiau Pahukini, akā na'e ua luku 'ia e ka Ameron H.C. & D. quarry.

Many drums

Pahukini heiau is located on the land of Ka'ōhi'a near the Kapa'a Dump. Pahukini was one of the five heiau built by the ali'i 'Olopana. The walls measured one hundred and ten feet by one hundred and seventy-five feet. On the northern side of the site was an adjoining structure that measured thirty-two feet by thirty-eight feet. In the south corner of the west wall was a five-foot-wide entrance. The features of the heiau suggest it was of the po'okanaka class, where human sacrifices were offered. A ledge that ran the entire width of the heiau resembled a ledge at the Pu'u O Mahuka heiau in Pūpūkea. A sacrificial stone was once located on a ledge above Pahukini. It was a large flat stone with a naturally grooved surface.

Near Pahukini was the heiau of Holomakani, also built by 'Olopana. An adze quarry was also located north of the Pahukini heiau, but it was destroyed by the Ameron H.C. & D. quarry.

Ulupō

Aia ka heiau Ulupō kokoke i ke Kailua YMCA. 'O ka mea nui o ia heiau ke kahua nona ka lōkihi ho'okahi haneli me kanawalu kapua'i a ka laulā ho'okahi haneli kanahā kapua'i. He kanakolu kapua'i ke ki'eki'e o ke kahua. He 'anu'a nui nā pōhaku o ia kahua. A he nui nā punawai ā puni o ka heiau Ulupō a ma laila nō ka holoi pua'a 'ana ma mua o ka mōhai 'ana a'e ma luna o ka lele.

Ua 'ōlelo 'ia ua kūkulu 'ia ka heiau e nā menehune, a loa'a ke alahele menehune mai nā punawai ma ke kihi komohana 'ākau o lalo ā i ka heiau. Ua luku 'ia nā pā kīpapa o waho i ka lilo 'ana o ka 'āina i wahi 'ai mau'u a nā pipi.

Night inspiration;
dark or dense growth

Ulupō heiau is located near the Kailua YMCA. The significant feature of the heiau was an open platform that measured one hundred and forty feet by one hundred and eighty feet. The platform was thirty feet high. A large mass of stones forms the structure. Many springs were found around Ulupō heiau and were used for washing the pigs before they were offered at the lele.

The heiau is said to have been built by the menehune, and a menehune pathway leads to the heiau from the springs on the lower northwest corner. The outer terrace walls were destroyed when the area was used as grazing land for cattle.

Ka'iwa

Ua kapa 'ia Ka'iwa no kekahi ali'i wahine i noho ai ma luna o ia lapa ma luna a'e o Ka'ōhao. Ua makemake 'ia 'o Ka'iwa e Ahiki. I kekahi lā, ho'ā'o Ahiki e hele mai e hui me ia, akā ua ālai 'ia 'o ia e kekahi kanaka, 'o Kana. No ia kumu, aia ka piko o Ahiki (ma ka 'ao'ao 128) kokoke aku i ka lapa 'o Ka'iwa ma mua o Olomana a me Pāku'i.

The frigate bird

Ka'iwa was named after a chiefess who lived on this ridge above Ka'ōhao. Ka'iwa was desired by Ahiki. One day Ahiki tried to come to meet her, but he was stopped by a man named Kana. For this reason, the peak of Ahiki (see page 128) is farther toward the ridge of Ka'iwa than are the peaks of Olomana and Pāku'i.

Alāla

'O Alāla he ahu pōhaku kū nō ia aia ma ka 'ao'ao Kailua o Ka'ōhao. He ahu pili lua kona, 'o Wailea, ma ka 'ao'ao Waimānalo o Ka'ōhao. Aia ka heiau 'o Alāla 'ane'ane i ke ahu, akā ua pau loa ia. Ma ia heiau, ua 'oki 'ia ka piko o ke ali'i nui 'o Kūali'i i ka makahiki 1640. 'O Kūali'i ka mamo a Pinea, ka wahine a Līloa, ali'i nui o Hawai'i.

Awakening

Alāla was a natural shrine located on the Kailua side of Ka'ōhao. It had a companion shrine known as Wailea on the Waimānalo side of Ka'ōhao. The Alāla heiau was located near the shrine, but has since been destroyed. At this heiau, the navel-cutting ceremony of the ali'i Kūali'i, a descendant of Līloa's wife Pine'a, was performed in 1640.

Wailea

Lea

'O Wailea he ahu kūpono aia nō ma luna o ka lapa ma waena o nā ahupua'a 'o Kailua (ma ka 'ao'ao 118) a me Waimānalo (ma ka 'ao'ao 146), ma luna o Hale Aloha, ma Bellows Air Field. He mau akua lawai'a 'o Wailea me Alāla (ma ka 'ao'ao 136) i kuhikau i ke kai lawai'a pono o Ka'ōhao.

Water of Lea

A goddess of canoe builders

Wailea is a natural shrine found on the ridge dividing the ahupua'a of Kailua (see page 118) and Waimānalo (see page 146), above Hale Aloha at Bellows Air Field. Wailea and Alāla (see page 136) were fish gods that marked the best fishing grounds of Ka'ōhao.

Kanahau

Aia ka heiau ʻo Kanahau ma ka ʻaoʻao Kaʻelepulu o Olomana. Hoʻokahi wale nō o nā kīpapa e koe nei. He hoʻokahi haneli kapuaʻi ka loa a hoʻounu ʻia kanalima kapuaʻi. Ua hemo ʻia akula he mau pōhaku no ka hana alanui ā i Waimānalo (ma ka ʻaoʻao 146). Na nā mea hana alanui i hana i ʻewalu kalaka ʻelima-kana no ka halihali i ʻumi ā hiki i ʻumikūmālima mau hāʻawe i ka lā hoʻokahi, no ʻelua pule.

Marvelous

Kanahau heiau is located on the Kaʻelepulu side of Olomana. Only one of its terraces remains. It measured one hundred feet and was paved for fifty feet. Stones were removed from this heiau to build the road to Waimānalo (see page 146). The construction workers used eight five-ton trucks to haul ten to fifteen loads a day for two weeks.

Pōhaku Hi'iaka
Hi'iaka

Ua 'ōlelo 'ia aia ka pōhaku i kapa 'ia 'o Pōhaku Hi'iaka ma ka 'ao'ao 'ākau o ka heiau Kanahau (ma ka 'ao'ao 140). 'Umi kapua'i ke ki'eki'e o ua pōhaku la. Na'e, 'a'ohe loa'a ia 'ano pōhaku ma laila. Ua loa'a ho'i ka pōhaku i loko o kēia ki'i ma ka 'ao'ao hema o ka heiau a kohu ia i ka Pōhaku Wahine (ma ka 'ao'ao 144) aia ma Maunawili.

Kū aku Hi'iaka, Wahine'ōma'o a me Pā'ūopala'e ma kō Kanahau hale ma mua o ka huaka'i mau ā i Kaua'i. Ua ho'olako nui 'ia nā akua wāhine me ka lū'au e Kanahau. 'O ka lū'au ka 'ai punahele a Hi'iaka. Ua holoholo nui a'ela 'o ia, akā 'o ka maka mua kēia ua loa'a maila kona mā'ona i ka lū'au. No kona mahalo nui aku iā Kanahau, ua ho'ololi 'o ia i kahi pōhaku nui i wahine nāna. A ua kapa 'ia ua wahine nei 'o Pōhaku Hi'iaka.

Hi'iaka's stone
A rare variety of taro with
a bronze-red leaf and stem

The ten-foot-high stone called Pōhaku Hi'iaka was said to be located on the northern side of the Kanahau heiau (see page 140). However, no stone of this description was found there. The stone in this photograph was found on the southern side of the heiau and resembled the Pōhaku Wahine (see page 144) found in Maunawili.

Hi'iaka, Wahine'ōma'o, and Pā'ūopala'e stopped at Kanahau's house before traveling on to Kaua'i. The goddesses were provided with abundant lū'au by Kanahau. Lū'au was the favorite food of Hi'iaka. She had traveled to many places, but this was the first time she had her fill of lū'au. In appreciation to Kanahau, she transformed a large stone into a woman for him. The woman became known as Pōhaku Hi'iaka.

Pōhaku Wahine

Aia ʻelua pōhaku kūpono ma ka huina o nā awāwa ʻo Maunawili a me Makaliʻi. Hoʻokahi he pōhaku kāne a kekahi he pōhaku wahine. Aia Pōhaku Wahine he kūʻono ma ka lapa. Ua loaʻa hou ia mau pōhaku i ka manawa e hana ʻia nei ke kahua kolepa o Maunawili. He pilina paha kō Pōhaku Wahine lāua ʻo Pōhaku Hiʻiaka (ma ka ʻaoʻao 142) o ka heiau Kanahau (ma ka ʻaoʻao 140).

Female stone

Two natural rock formations are located at the junction of the Maunawili and Makaliʻi valleys. One is Pōhaku Kāne, or male stone, and the other Pōhaku Wahine, or female stone. Pōhaku Wahine is embedded in the ridge. These stones were rediscovered when the Maunawili golf course road was under construction. Pōhaku Wahine may be linked to the Pōhaku Hiʻiaka (see page 142) on the Kanahau heiau (see page 140).

Waimānalo

Kapa ʻia ke ahupuaʻa ʻo Waimānalo no ke kahawai nui e holo nei ma loko ona. ʻO ia kahawai ke kumu waikahe no nā loʻi o kai. A ʻo nā loʻi ma waena o Puʻu Loa me Puʻu O Kona, ua wai ʻia e nā punawai a me nā ʻaʻalu.

Aia i Waimānalo nā puna ʻo Kupunakāne me Kupunawahine. Aia ʻo Kupunakāne mauka a aiaʻo Kupunawahine makai. I nā lā pā maila ka lā, oho akula kekahi i kekahi. A i nā lā ʻōmamalu, lilo mahana ka wai o Kupunakāne a ʻoluʻolu mau ka wai o Kupunawahine. No Māuimua, ke kaikuaʻana hānau mua loa o Māui, ke ahupuaʻa ʻo Waimānalo, me nā loko iʻa o Maunalua a me ka uhu ʻaumoana o Makapuʻu (ma ka ʻaoʻao 162).

ʻO ka piko puʻu ma ka ʻauʻau hema o kēia kiʻi, ʻo Puʻu O Kona ia.

Potable water

The ahupuaʻa of Waimānalo is named for the large stream that runs through it. This stream was the primary irrigation source for the lowland agricultural terraces. The terraces located between Puʻu Loa and Puʻu O Kona were fed by springs and small streams (Handy and Handy 1972: 458).

The springs of Kupunakāne (male ancestor) and Kupunawahine (female ancestor) were located in Waimānalo. Kupunakāne was mauka, or mountainside, and Kupunawahine was in the lowlands. On sunny days, the springs would cry out to each other. On overcast days, the water of Kupunakāne became warm and the water of Kupunawahine remained cool. The ahupuaʻa of Waimānalo, which included the fishponds of Maunalua and the traveling uhu of Makapuʻu (see page 162), was said to belong to Māuimua, the oldest brother of the demigod Māui.

The mountain peak in the left of the photograph is known as Puʻu O Kona.

Pūhā

'O Pūhā ka inoa o ke kahena wai e holo nei ma loko o Bellows Air Field. Ua pā'ani 'ia ka pu'e wai ma Pūhā. Ua 'eli 'ia he puka iwakālua kapua'i ka laulā i loko o ke pu'e one a pūhā 'āwiki aku ka wai kahena, kanakolu a 'oi mau mile loa ka wiki, ā i nā nalu kai. Pā'ani lapa nā mea pā'ani i loko o ka wai 'āwili 'ia.

To break or burst

The stream that runs through Bellows Air Field is known as Pūhā. The sport of pu'e wai (agitated water) was practiced in Pūhā. An opening twenty feet wide was dug through the sand that dammed the stream near the ocean, and the stream water gushed out at a speed of thirty knots or more to meet the incoming waves. The players allowed themselves to be tossed about in the agitated water.

Pu'u O Moloka'i

Ho'okahi o nā pu'u ma 'ō aku o ka Pāka o Waimānalo, 'o ia nō 'o Pu'u O Moloka'i. Hiki maila he kanaka no Moloka'i mai a noho 'o ia ma 'ane'i. Aia a hiki pū maila kekahi po'e 'ē a'e o Moloka'i a noho pū maila i 'ane'i. Kē male aku he kāne no Moloka'i mai a i 'ole he kaikamahine no Moloka'i mai i kekahi o Waimānalo (ma ka 'ao'ao 146), pono e ha'alele iā Pu'u O Moloka'i. Mahope mai, male aku ka po'e o Moloka'i i ka po'e o Waimānalo. I kēia lā, ua nalowale nā pā hale ma luna o ia pu'u. Ke 'eli'eli nei 'o Pacific Concrete Company i ke one me ke ko'a ma laila.

Hill of Moloka'i

One of the hills across from Waimānalo Park is known as Pu'u O Moloka'i. A man from Moloka'i came here to live. When more people from Moloka'i came to Waimānalo (see page 146), they made their homes here as well. When a boy or girl from Moloka'i married a person from Waimānalo, they had to leave Pu'u O Moloka'i. Gradually the people of Moloka'i married into the people of Waimānalo. Today, no habitation sites exist on this hill. The Pacific Concrete Company is mining sand and coral from it.

Pāhonu

'Elima haneli kapua'i ka lōkihi a kanalima kapua'i ka laulā o ka loko Pāhonu. I ke au kahiko, ua kapu nā honu a 'o nā ali'i wale nō kai hiki kē 'ai 'i'o honu. Na ho'okahi ali'i, no kāna 'ono nui i ka 'i'o honu, i ho'okūkulu i ka pā honu no kāna mau honu. 'O nā honu āpau i 'apo 'ia mai i Waimānalo (ma ka 'ao'ao 146) ua ho'okomo 'ia i loko o ia loko. Ua ho'oponopono 'ia ka pā i nā 1960 paha.

Turtle enclosure

Pāhonu pond measures five hundred feet long and fifty feet wide. Turtles were traditionally kapu, and only the ali'i could eat them. One ali'i was so fond of turtle meat, he had a sea wall built for his turtles. Every turtle caught in Waimānalo (see page 146) was put into this pond. The pond wall was probably restored in the 1960s.

Kaulanaaka'iole

Aia a Pikoiaka'alalā, mea pana kaulana o Wailua, Kaua'i, i kā'alo a'e iā Mōkapu (ma ka 'ao'ao 70), 'ike akula 'o ia he 'iole ma nā pali o Waimānalo (ma ka 'ao'ao 146). Ua pana akula 'o ia a ha'i aku i ka po'e e loa'a ana ka 'iole ma kahi e loa'a ana kāna pua pana. 'O ka inoa i kapa 'ia ka 'iole 'o Kaulanaaka'iole, a loa'a mau kona inoa i kēlā wahi.

The resting place of the rat

When Pikoiaka'alalā, the famous archer from Wailua, Kaua'i, passed by Mōkapu (see page 70), he saw a rat on the cliffs of Waimānalo (see page 146). He shot at it and told the people the rat would be found where his arrow went. The rat was named Kaulanaaka'iole, and the area bears his name.

Pōhaku Pa'akikī

Aia 'o Pōhaku Pa'akikī i loko o ke kai ma ka 'ao'ao Waimānalo o Ko'onāpou (ma ka 'ao'ao 158). He kanaiwakūmākolu 'īniha ka lōkihi, he kanahikukūmāiwa 'īniha ka laulā a iwakāluakūmāono 'īniha ka mānoanoa. Ki'e iki ka 'ao'ao komohana hema, 'elua kapua'i ma luna o ke ahu pōhaku.

Ua noho 'elua mea mahi 'uwala kokoke i Pōhaku Pa'akikī. Lawe maila lāua i ka 'awa i ka pōhaku a oli aku iā Kamohoali'i, kō lāua akua manō. Hiki maila Kamohoali'i a inu i ka 'awa. Na kekahi kanaka i ho'onāukiuki mau mai iā Kamohoali'i a me nā mahi 'uwala i kāna 'āpahu i nā hi'u o nā manō a kiloi aku i loko o ke kai. I kekahi lā, loa'a iā Kamohoali'i ke kanaka e lawai'a nei a nāna e ho'omaka e 'ai aku iā ia. 'Aki'aki 'o ia ā hiki i ka 'ēlemu, akā ho'opailua 'ia 'o ia e ka hanu kūkae a waiho ihola. 'A'ole 'o Kamohoali'i e hana 'ino hou aku i kekahi mea e 'au'au kai ana mai Kalaeoka'ō'io (ma ka 'ao'ao 4) ā hiki aku i Makapu'u (ma ka 'ao'ao 162).

Unyielding stone

Pōhaku Pa'akikī is located in the water on the Waimānalo side of Ko'onāpou (see page 158). It measures ninety-three inches by seventy-nine inches and is twenty-six inches thick. The southwest end is raised two feet high on a pile of fused stones.

Two 'uwala growers lived near the Pōhaku Pa'akikī. They brought 'awa to the stone and chanted for Kamohoali'i, their shark god. Kamohoali'i came and drank the 'awa. Another man would antagonize Kamohoali'i and the 'uwala farmers by chopping off sharks' tails and throwing them into the ocean. One day, Kamohoali'i caught the man fishing and began to devour him. He chewed all the way to the buttocks, but the smell of excrement nauseated him and he stopped. Kamohoali'i never again hurt any person swimming in the waters from Kalaeoka'ō'io (see page 4) to Makapu'u (see page 162).

Koʻonāpou

He kaiāulu lawaiʻa kahiko ʻo Koʻonāpou. ʻO kekahi inoa ona, ʻo Kaupō. Kō laila pū he heiau, he koʻa, he mau ʻaʻaʻā a he nui pā hale. Holo ke alahele aliʻi (ma ka ʻaoʻao 164) ma loko o ia kaiāulu. Ua haʻalele ʻia ʻo Koʻonāpou i 1853 no ka maʻi ahulau puʻupuʻu liʻiliʻi. I kēia lā, aia nō ʻo Sea Life Park me Kaupō Beach Park ma laila.

Staff posts

Koʻonāpou was an ancient fishing village, also called Kaupō. The area included a heiau, a fishing shrine, lava tubes, and many habitation sites. The King's Highway (see page 164) ran through the village. Koʻonāpou was abandoned in 1853 due to a smallpox epidemic. Today, Sea Life Park and Kaupō Beach Park occupy the area.

Mānana
Kāohikaipu

Aia nā moku iki ʻo Mānana me Kāohikaipu ma ʻō aku o Koʻonāpou (ma ka ʻaoʻao 158). ʻO ka inoa o ka pōhaku ʻaneʻane i Kāohikaipu, ʻo Kākalaioa. ʻO Mokuhope ka moku iki ma hope o Mānana.

Ua loaʻa ʻē ʻelua koʻa ma luna o Mānana. No ke āholehole a me ka moi nēia mau koʻa a he nui wale ia mau iʻa i ke kai o Waimānalo (ma ka ʻaoʻao 146). ʻO ke koʻa hulina alo aku iā Waimānalo, he maikaʻi kona ʻano i 1939. Pae akula ka moku *H.C. Wahlburg* i Mānana ma ka lā 30 o Kekemapa, 1894. A ua kanu ʻia ka ukana pūʻali koa i loko o ke one. Mahope, ua ʻeli ʻia a lawe ʻia akula no nā koa kākoʻo o Liliʻuokalani i loko o ka hoʻokahuli aupuni o 1895.

Ma loko o ke Kaua Honua II, hoʻopahū ʻia nā papali o Kāohikaipu e nā mokulele hoʻopahū no ka hoʻomaʻamaʻa ʻana.

Buoyant
To restrain the container

The islands of Mānana and Kāohikaipu are located across from Koʻonāpou (see page 158). The rock near Kāohikaipu is known as Kākalaioa. Mokuhope is the island behind Mānana.

Two fishing shrines were located on Mānana. These shrines were for the āholehole and moi fish, which swam in great numbers in the waters of Waimānalo (see page 146). The shrine facing Waimānalo was still in good condition in 1939. On December 30, 1894, the ship *H.C. Wahlburg* landed on Mānana. A shipment of military cargo was buried in the sand. It was later dug up and taken for the Royalist forces in the revolution of 1895.

During World War II, the slopes of Kāohikaipu were used as a target range for air bombing and gunnery (Scott 1968: 707).

Makapuʻu

He kupua wahine ʻo Makapuʻu i noho ala ma ka lae ʻo Makapuʻu. Ma muli o hoʻokahi moʻolelo, holo maila ʻo ia mai Kahiki me Paʻao; a ma kekahi moʻolelo, ʻo ia ke kaikuahine o Mōʻīkeha, aliʻi holo kai, a hiki maila mai Kahiki me ia.

Hiki iā Makapuʻu ke hoʻololi i kona mau ʻano. Kē hiki akula ʻo Hiʻiaka me Wahineʻōmaʻo ma Makapuʻu ma luna o ke kaulua, kāhea akula lāua iā ia. Ua hoʻomākaukau ʻo Makapuʻu i mea ʻai nā lāua, a ʻike akula nā mea hoe i nā kupua o nā nui maka ma luna o ka pali kū. Waiho lākou iā Hiʻiaka me Wahineʻōmaʻo ma Waimānalo (ma ka ʻaoʻao 146) a ʻauheʻe aku.

ʻO Malei he pōhaku ia aia ma luna o ka lapa o Makapuʻu ma mua. Ua ʻumeʻume iʻa mai ā hiki i ke kapa kai o Makapuʻu, ʻo ka nui loa aku ʻo nā uhu a no lākou ʻo ia ke kiaʻi. Ma muli o kekahi moʻolelo, ua hoʻokū ʻia kēia pōhaku e ʻAiʻai, keiki a Kūʻula, akua lawaiʻa. Hoʻonui aʻe nā uhu o Makapuʻu ā hiki loa aku i Hanauma ma lalo o ka malu o Malei. Hāʻawi ka poʻe o Waimānalo i lei līpoa me nā pule nona.

Bulging eye

Makapuʻu was a female kupua who lived at Makapuʻu point. According to one legend, she came from Tahiti with the priest Paʻao; according to another legend, she was the sister of the voyaging aliʻi Mōʻīkeha, and came from Tahiti with him.

Makapuʻu could assume different bodily forms. When Hiʻiaka and Wahineʻōmaʻo arrived at Makapuʻu in a canoe, they called out to her. Makapuʻu had prepared food for them. When the men paddling the canoe saw the many-eyed kupua on the sea cliff, they dropped Hiʻiaka and Wahineʻōmaʻo off in Waimānalo (see page 146) and fled.

Malei was a stone once located on the ridge of Makapuʻu. It attracted fish to the shores of Makapuʻu, particularly the uhu, or parrot fish, of which it was the guardian. One legend states that this stone was set up by ʻAiʻai, son of Kūʻula, who was a god of fishing. The uhu fish from Makapuʻu to Hanauma Bay multiplied under Malei's care. The people of Waimānalo offered her leis of līpoa, and prayers.

Kealakīpapa

Na nā kūkini i holo kikī ma luna o ia ala kīpapa ʻo Kealakīpapa, a ʻo ke alahele aliʻi kekahi inoa. Holo ia alahele ma loko o ka ʻoawa Kealakīpapa ā i lalo i Koʻonāpou(ma ka ʻaoʻao 158).

The paved road

Kealakīpapa, also known as the King's Highway, was used by the king's runners to deliver messages. Made of cobbled lava, it went through the valley of Kealakīpapa and down into Koʻonāpou (see page 158).

BIBLIOGRAPHY

Allen, Jane. *Five Upland 'Ili*. Honolulu: Bishop Museum Press, 1987.

Andrews, Lorrin. *A Dictionary of the Hawaiian Language*. Tokyo: Charles E. Tuttle Co., Ltd., 1974.

Beckwith, Martha. *Hawaiian Mythology*. Honolulu: University of Hawaii Press, 1970.

———. *The Kumulipo*. Honolulu: University of Hawaii Press, 1972.

Devaney, Dennis; Marion Kelly; Polly Lee; and Lee Motteler. *Kāne'ohe: A History of Change*. Honolulu: The Bess Press, 1982.

Emerson, Nathaniel B. *Pele and Hi'iaka*. Tokyo: Charles E. Tuttle Co., Ltd., 1978.

———. *Unwritten Literature of Hawai'i*. Tokyo: Charles E. Tuttle Co., Ltd., 1965.

Fiddler, Frank. *Mōkapu, A Study of the Land*. Kāne'ohe: U.S. Marine Corps Air Station, 1956.

Fornander, Abraham. *An Account of the Polynesian Race*. Tokyo: Charles E. Tuttle Co., Ltd., 1969.

———. *Fornander Collection of Hawaiian Antiquities and Folklore*. Honolulu: Bishop Museum Press, vols. IV - VI, 1916–1920.

Hall, Dana Naone. *Mālama*. Honolulu: Bamboo Ridge Press, 1985.

Handy, E. S. Craighill, and Elizabeth Green Handy. *Native Planters in Old Hawai'i*. Honolulu: Bishop Museum Press, 1972.

I'i, John Papa. *Fragments of Hawaiian History*. Honolulu: Bishop Museum Press, 1959.

Johnson, Rubellite Kawena. *Kumulipo*. Honolulu: Topgallant Publishing Co., Ltd., 1981.

Kamakau, Samuel Mānaiakalani. *Ka Po'e Kahiko*. Honolulu: Bishop Museum Press, 1964.

———. *Nā Mo'olelo a ka Po'e Kahiko*. Honolulu: Bishop Museum Press, 1991.

———. *Ruling Chiefs of Hawai'i*. Honolulu: The Kamehameha School Press, 1961.

Kent, Harold Winfield. *Treasury of Hawaiian Words*. Honolulu: Masonic Public Library of Hawai'i, 1986.

Malo, David. *Hawaiian Antiquities*. Honolulu: Bishop Museum Press, 1951.

McAllister, J. Gilbert. *Archeology of O'ahu*. Honolulu: Bishop Museum Press, 1933.

Neller, Earl Buddy. "H-3 Ramp May Be next to Heiau." *The Honolulu Advertiser*, July 28, 1989, A-1, A-4.

Paki, Pilahi. *Legends of Hawai'i*. Honolulu: Victoria Publishers Ltd., 1972.

Pūku'i, Mary Kawena. *'Ōlelo No'eau*. Honolulu: Bishop Museum Press, 1983.

Pūku'i, Mary Kawena, and Samuel H. Elbert. *Hawaiian Dictionary*. Honolulu: University of Hawaii Press, 1986.

Pūku'i, Mary Kawena; Samuel H. Elbert; and Esther T. Mo'okini. *Place Names of Hawaii*. Honolulu: The University of Hawaii Press, 1974.

Scott, Edward. *The Saga of the Sandwich Islands*. Lake Tahoe: Sierra-Tahoe Pub. Co., 1968.

Sterling, Elspeth P., and Catherine C. Summers. *Sites of O'ahu*. Honolulu: Bishop Museum Press, 1978.

Thrum, Thomas. "Heiau and Heiau Sites throughout the Hawaiian Islands." *Hawaiian Annual* (1907).

———. "Heiau and Heiau Sites throughout the Hawaiian Islands." *Hawaiian Annual* (1909).

———. "Completing O'ahu's Heiau Search." *Hawaiian Annual* (1916).

———. "Heiaus of Hawai'i Nei." *Hawaiian Historical Society Annual Report*, 1923.

———. *More Hawaiian Folktales*. Chicago: A.C. McClury & Co., 1923.

Tuggle, David, and Robert Hommon. *Historic Property Inventory Marine Corps Air Station*. Honolulu: Naval Facilities Engineering Command, 1986.